U0010659

台灣地圖 047

觀光小鎮漫遊趣

30 個台灣幸福小鎮的創生與體驗旅遊

蘇明如◎著
蘇瑞勇◎攝影

晨星出版

台灣小鎮漫遊地圖的力行實踐

　　明如的專業背景是文化藝術領域的策展人（Curator），現任教於我們實踐大學文化與創意學院觀光管理學系，教授文化美學與觀光、創意觀光研討、創意原理、多元文化與博物館觀光等課程，二〇一五年她與我高雄醫學大學學弟蘇瑞勇醫師父女合作，出版《老產業玩出新文創》一書，頗受好評。二〇一七年出版二部曲《台灣博物館散步 GO》，聚焦在繆思女神的殿堂「博物館」，該書出版後獲選為臺北市立圖書館、新北市立圖書館、國語日報社主辦之「好書大家讀」，以及中華民國文化部推薦翻譯介紹外國人認識台灣文化選書之一。系列三部曲《觀光小鎮漫遊趣》除了可作為大專院校內青年學子之體驗思考外，更可作為社會人士大眾深度旅遊之自導好書，可說是一個台灣小鎮漫步觀光地圖的力行實踐，本人樂於推介。

謝孟雄

實踐大學董事長、中華民國社區發展協會理事長

文化與觀光結合的學術推廣

　　從文化產業到觀光領域任教的明如，近年致力讓小眾的文化可以和大眾的觀光旅遊媒合。前作《台灣博物館散步 GO》獲得文化部與縣市政府好書獎項，新作《觀光小鎮漫遊趣》，藉由與有形、無形文化資產、體驗觀光相關議題的聯結，找出每個鄉鎮在地最有獨特性的文化與旅遊特質，成為地方創生與永續觀光發展的亮點。分「在地體驗」、「在地創生」、「文資 DNA」、「觀光 DNA」為文書寫，以小鎮在地創生、在地體驗的軟實力，結合文資與觀光的景點故事，提供讀者小鎮深度旅遊的路線提案，感受當地的文化、生活與食物，讓台灣小鎮漫遊有不同的視野與風情，從創意觀光重視體驗參與的整合視野，邀讀者來思考感受，台灣小鎮之豐沛能量。

台南美術館董事長、前國立台灣藝術大學校長
暨行政院政務委員

從博物館點線面到慢活小鎮永續生活

　　明如繼二〇一七年出版《台灣博物館散步 GO》，該書榮獲如文化部「台灣文化選書」、「好書大家讀」等獎項外，耗時兩年，今從博物館擴大到文化資產、地方創生與體驗觀光等面相，出版新作《觀光小鎮漫遊趣》，再度問序於余。明如在產官學界都有所深涉，在博物館、文化與觀光產業領域方面是一位不可多得的實戰學者。書寫台灣 30 小鎮的文化資產與體驗觀光，正可以和地方創生與慢活小鎮有所呼應，「慢活小鎮」源自於國際慢城組織（Cittaslow International），它的標誌是蝸牛，強調慢慢體驗的居住、飲食以及娛樂的模式，慢城意味著遠離現代，回到永續的生活。二〇一九年除了是交通部觀光局推廣小鎮漫遊年，推行台灣票選四十經典小鎮，亦適逢國家發展委員會推動「地方創生元年」，本書選於此時刻出版有其深意。余樂見其成，特予推薦。

世界宗教博物館館長、國際博物館協會博物館學委員會亞太分會 ICOM ICOFOM–ASPAC 理事長

台灣小鎮漫遊再出發

　　文化藝術策展人的明如再度與父親蘇瑞勇醫師聯手，將對老產業新文創、島嶼博物館關注，擴大到台灣小鎮漫遊，這本新作《觀光小鎮漫遊趣》，承續《老產業玩出新文創》、《台灣博物館散步 GO》，值得關心台灣在地的民眾與旅客按圖索驥。旅遊策展的年代，如何進行一場場小鎮漫遊？ 全書分十大單元，以 1.「宗教民俗觀光」、2.「溫泉」、3.「手藝」、4.「魅力漁港」、5.「茶香」、6.「鐵路」、7.「山城」、8.「離島」、9.「花卉」、10.「自然生態」小鎮主題，選擇獨具特色的在地聚落，一一呈現。台灣將 2019 年定為「台灣地方創生元年」，透過盤點各地「地、產、人」的地方 DNA 特色資源，以「創意、創新、創業、創生」的策略規劃，使社區、聚落及偏鄉重新形塑不同以往的風華年代，展現地景美學並塑造地方自明性，「元年」象徵出發，這本書此時出版正是個起點，特予以推薦。

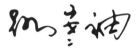

詩人、前高雄市暨台中市政府文化局局長

漫遊者的台灣地圖

　　「創意觀光（creative tourism）」在全球文化觀光旅遊業日趨成長，其和全球對「創意產業」重視有關。聯合國教科文組織（UNESCO）視創意觀光為：「直接參與和體驗真實的旅行，透過參與性的學習藝術、遺產或是地點的獨特角色，提供一個與當地居民的連結。」創意觀光尤其重視道地的參與學習「體驗」。筆者前於 2017、2018 兩度前往泰國納黎萱大學（Naresuan University）擔任十數天訪問學者講課交流，期間並感受泰國各鄉鎮風情，如一鄉一產品（One Tambon one Product，OTOP）以及如泰式料理體驗的著力，深感到國際觀光交流與文化形象不只在摩登大城，多元小鎮亦有所擅。

　　適逢 2019 年是交通部觀光局推廣台灣小鎮漫遊年，亦為國家發展委員會推動「地方創生元年」，故選於此時刻出版《觀光小鎮漫遊趣》。

　　感謝四位推薦人謝孟雄董事長、黃光男校長、陳國寧館長、路寒袖局長在百忙中再度撥冗作序推薦，韓愈《師說》

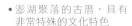

• 澎湖聚落的古厝，具有
　非常特殊的文化特色

有言「古之學者必有師。師者，所以傳道授業解惑也」，四位師長傳道授業解惑，著作創作等身與對國家文化的貢獻總讓我不敢懈怠，就像標竿提醒著要繼續奮勵；特別感謝晨星出版有限公司投資三度出版系列作品，其對台灣在地文化出版的關注，在出版產業嚴峻的今日，實在令人敬佩，尤其是執行主編胡文青兄與團隊之企劃與文字美術編輯功力，在在讓書倍添光彩；最要感謝田調取材與攝影的家父蘇瑞勇醫師攜手合著與家母家弟溫馨陪伴；感謝文橫花園的姨舅長輩們與親友團的關愛督促，以及實踐大學師生間各種有溫度的啟發與教學相長。

這本小書定位以小鎮漫遊體驗觀光為主，仍以文化資產、觀光體驗等文創旅行角度書寫，雖連繫文化創生元年議題，但各小鎮創生模式仍待他日發展，然走訪各地已可窺探各種能量萌芽，既然是元年，表示一切都充滿希望，指日可待。

筆者以為，多樣性與包容性可打造創意觀光環境，豐富傳統文化旅遊模式，而如何具國際品牌識別性，則和文化認同與文化包裝有關。

誠摯邀請大家從《老產業玩出新文創》、《台灣博物館散步 GO》，到《觀光小鎮漫遊趣》，探索台灣多樣的人文風景，體驗台灣豐沛的文化能量。

蘇明如

寫於 2019 年 9 月 28 日台灣教師節

台灣地圖三部曲

　　這是和女兒明如合作、父女檔的第三本書。退休後為了了卻年輕時未盡心願，台灣小鎮走遍遍，其間也偕女兒參加天下雜誌與交通部觀光局走遍 319 鄉鎮、跟兒子隨著大甲媽遶境，從台中大甲走到嘉義新港。一步一步踏著自己成長 70 多年的這片土地，感觸很深。醫者的老毛病再發，為什麼不把這塊土地的點點滴滴記錄下來？為什麼不把感觸留下、分享？方法無他，就是攝影與書寫。

　　於是，合作的第一本書籍《老產業玩出新文創》問梓，而後，欲罷不能，第二本《台灣博物館散步 GO》，至今的第三本《觀光小鎮漫遊趣》再度踏上小鎮旅途。其間最要感謝的是內人麗芳的縱容，讓我能毫無顧忌地到處趴趴走，兒子明正也幾乎全程參與，陪伴左右、噓寒問暖；女兒的規劃安排居功甚偉，但最要感謝的是晨星出版社全體團隊的付出，與執行主編文青的精彩企畫，出版社並在編排設計做了最大的包容，非常感謝。

蘇揚勇

2019 年 9 月 21 日

• 克羅埃西亞杜布尼克世界遺產小鎮

目　錄

推薦序──────────────────────────────8
8　台灣小鎮漫遊地圖的力行實踐　／謝孟雄
9　文化與觀光結合的學術推廣　／黃光男
10　從博物館點線面到慢活小鎮永續生活　／陳國寧
11　台灣小鎮漫遊再出發　／路寒袖

自序──────────────────────────────12
12　漫遊者的台灣地圖　／蘇明如
14　台灣地圖三部曲　／蘇瑞勇

導言　從地方創生元年出發，觀光體驗小鎮文化資產────20

【單元一】宗教民俗觀光小鎮────────────────36
38　漫步屏東東港，遇見王船祭
45　漫步高雄內門，佛祖遶境紫竹生春
52　漫步屏東萬巒，萬金天主堂聖母遊行

【單元二】溫泉小鎮──────────────────60
62　漫步宜蘭礁溪，溫泉鄉溝足湯
68　漫步台南關子嶺，泥漿溫泉水火同源
74　漫步台北新北投，造訪女巫的住所

【單元三】手藝小鎮──────────────────82
84　漫步苗栗苑裡，經典小鎮人氣第一
90　漫步雲林西螺，滿鎮豆油香

【單元四】魅力漁港小鎮──────────────98
100　漫步宜蘭南方澳，探初醒的海洋
106　漫步彰化王功，漁火踏浪食蚵

112　漫步台東成功，他鄉是故鄉
120　漫步花蓮豐濱，驚艷會飛的魚

【單元五】茶香小鎮————————————————130

132　漫步新北坪林，訪茶葉博物館
137　漫步台北貓空，纜車茗茶
143　漫步屏東滿州，喝港口茶觀國慶鳥

【單元六】鐵路小鎮————————————————152

154　漫步南投集集，穿梭綠色隧道
164　漫步嘉義奮起湖，遊憩森林鐵道
172　漫步新北平溪，天燈冉冉升起
182　漫步新竹內灣，一覽老街戲院

【單元七】山城小鎮————————————————190

192　漫步高雄旗山，糖鐵香蕉王國，一旗一會
199　漫步桃園大溪，老街四通八達
208　漫步花蓮林田山，摩里沙卡

【單元八】離島小鎮————————————————214

216　漫步澎湖馬公，本島跳島體驗遊
231　漫步屏東小琉球，環島浮潛遊

【單元九】花卉小鎮————————————————240

242　漫步台中后里，花博花舞競技
246　漫步台南白河，蓮葉何其田田

【單元十】自然生態小鎮————————————————252

254　漫步台東池上，映照海岸山脈
260　漫步台南四草，體驗水上綠色隧道
267　漫步高雄茂林，置身紫蝶幽谷
274　漫步台東太麻里，賞藜祕境南迴四鄉

導言

從地方創生元年出發，觀光體驗小鎮文化資產

• 京都龍安寺

漫遊者的台灣小鎮凝視與體驗

　　當代思潮大師班雅明（Walter Benjamin）從法國詩人波特萊爾（Charles PierreBaudelaire）對巴黎的耽溺與書寫，發展出「漫遊者」（Flâneur）的概念。他認為，波特萊爾以一種城市漫遊者的姿態觀看巴黎，以其個人特殊的寓言詩人體質透視城市街巷（漫遊者的凝視），衍生出一種同時觀看與被觀看、既旁觀又介入的邊緣觸角。班雅明筆下的漫遊者，雖身處城市文明與人群，卻能以抽離的角度旁觀事物。他在城市的迷宮漫步閒晃並觀看思考，城市蘊含著漫遊者的記憶、靈思與想像，他身處其中，為城市留下獨特的線索與文本，漫遊者就是在其漫遊的過程之中不斷地體認，思考與驗證。因此，在城市之外，這是一本提供漫遊者凝視台灣小鎮的旅遊書，但其實並不止於此。

　　交通部觀光局繼往年十大觀光小城：大甲、大溪、北投、安平、金城、美濃、鹿港、集集、瑞芳、礁溪之後，持續推動「2019 年小鎮漫遊年」，「2020 年脊梁山脈（國家風景區）旅遊年」。本書即藉由與有形、無形文化資產、體驗觀光相關議題的聯結，試圖找出每個鄉鎮在地最有獨特

• 巴黎城市街景　　　　　　　　• 澎湖中央老街漫遊街景

性的文化與旅遊特質，成為地方創生與永續觀光發展的亮點，期待更多台灣的旅行「漫遊者」，來到一地小鎮，不僅僅旁觀凝視，而是更多創意性的參與式體驗。

在地體驗

　　體驗模式的創意觀光，為現今觀光熱門旅遊模式之一，經由全球觀光產業與文化創意產業媒合，創造更多觀光經濟效益。「創意觀光（creative tourism）」在全球文化觀光旅遊業日趨成長，與全球對「創意產業」的重視有關。聯合國教科文組織（UNESCO）視創意觀光為：「直接參與和體驗真實的旅行，透過參與性的學習藝術、遺產或是地點的獨特角色，提供一個與當地居民的連結。」創意觀光重視道地的體驗、參與以及學習。國際間如聯合國「創意城市網絡」與歐盟「歐洲文化首都」皆有所關注。「文化產業」、「創意產業」或「文化創意產業」等概念，在近年來國際間，或為增進國家文化認同，或為加強國家文化競爭力之趨勢下，成為蔚為顯學的文化思潮，甚或以文化之名，一躍而為檯面上明示的國家政策之一環。

　　1990 年代以前，台灣尚未提出文化創意產業政策，至 2002 年提出「挑戰 2008 國家重點發展計畫」，將「文化創意產業發展計畫」與「觀光客倍增計畫」同時納入，直到 2010 年《文化創意產業發展法》公布施行，至今漸趨多元。其中，「文化資產應用與展演設施產業」包含博物館、文創園區，近年皆致力創意觀光體驗活動，漫遊台灣各小鎮的旅行，亦有諸多體驗行程，至此，有三種可能的創意觀光定義被提出：

　　第一種，是暗指回歸到確實的創意活動的「家鄉」，無論是手工藝品、舞蹈、烹飪或是音樂，並參與當地居民與文化。其次第二種，意味著觀光客可以經歷文化活動，但是大部分的地點卻是附帶而非主要的，且與

• 巴黎艾菲爾鐵塔

當地居民只有很少或幾乎沒有連結。第三種，則代表創意觀光可以牽涉到創意產業的樂趣，例如建築、電影、時尚或是設計。這些產業傾向更為全球性，並且目的地的文化也可能不是一個必要的因素。

然而，無論採哪個定義，創意觀光都應該是一個體驗形式的觀光。許多觀光客現在想要享受更為有活力和主動性的假期，而創意觀光正可以提供他們一個理想的選擇。（Melanie K. Smith，2014）

這當中，創意觀光牽涉到更多互動，來到這裡的觀光客，體驗受過教育的、秩序的、社會的和參與性的互動，而這些互動即來自於地點特性、居住文化以及此地的居民。遊客蒞臨此地創意觀光時，感覺就像是此地的一般市民，會連接到在地文化，以及特定的文化表現。當然，對於每一個地方也必須都是獨一無二的體驗。（UNESCO，2006）

在地創生

2019 年，除了是交通部觀光局推廣小鎮漫遊年，推行台灣票選四十經典小鎮，亦適逢國家發展委員會推動「地方創生元年」，本書選於此時刻出版有其深意。

「地方創生」為行政院為解決台灣總人口減少、高齡化、人口過度集中在大都市及鄉村發展停滯等問題，參考日本地方創生做法，日本地方創生相關政策，將規劃建置地方經濟分析資料庫、進行縣（市）及鄉（鎮市區）的地方創生示範計畫及規劃作業指引、分階段補助地方政府地方創生規劃，以不同計畫分類（城鎮、人、工作創生的類別有分地方創新創業、農林水產、觀光振興、地方人員移動、工作方法改革以及社區營造），將2019 年定為「台灣地方創生元年」。透過盤點各地「地、產、人」的地方DNA 特色資源，以「創意、創新、創業、創生」的策略規劃，開拓地方深具特色的產業資源，引導優質人才專業服務與回饋故鄉，透過地域、產

業與優秀人才的多元結合，以設計手法加值運用，將可帶動產業發展及地方文化提升，使社區、聚落及偏鄉重新形塑不同以往的風華年代，展現地景美學並塑造地方自明性。

　　地方創生也與「慢活小鎮」有所呼應，「慢活小鎮」源自於國際慢城組織（Cittaslow International），它的標誌是蝸牛符號，強調慢慢體驗居住、飲食以及娛樂的模式，慢城意味著遠離現代，回到永續的生活。設立背景是 30 多年前，1999 年義大利人為抵抗麥當勞速食文化進入，威脅當地傳統飲食文化的存續，因此發起的慢食運動（slow food），主張維持原有城市的慢食、慢活、慢遊生活方式，並訂出七大面向、八大公約與 72 項指標，組織全球有意推廣環境保護、當地文化資產保存、健康與低碳飲食的城市，一同加入國際慢城組織。台灣目前獲國際慢城組織認證的有花蓮鳳林、嘉義大林、苗栗南庄與三義等四小鎮。慢城運動的發起，是對未來子孫、未來環境和地球有限資源的一種負責任態度，藉著慢城運動的推行，鼓勵城市珍惜、保存傳統文化和技藝，強化在地經濟，讓慢城的理念藉由

• 澎湖玄武岩具世界文化遺產潛力

教育深入民眾，珍惜所有。漫遊台灣各小鎮，已可發覺有許多鄉鎮逐步以在地創生思維，打造自家品牌，在各鄉鎮「地、產、人」的地方 DNA 特色資源創造特色，打造未來指日可待的幸福小鎮的創生與體驗觀光，就從元年啟動。

文資 DNA

> 遺產，過去和現在為了未來所做的最大努力。
>
> ———— Graeme Aplin

　　聯合國教科文組織（UNESCO）世界遺產常是人類的普世價值表徵，更常成為一個國家觀光象徵，對文化觀光產業影響甚大。台灣並非沒有符合世界遺產條件之遺產，但因台灣不是聯合國一員，所以無法簽署條約。台灣世界遺產潛力點包括「太魯閣國家公園、棲蘭山檜木林、卑南遺址與都蘭山、阿里山森林鐵路、金門戰地文化、馬祖戰地文化、大屯火山群、蘭嶼聚落與自然景觀、紅毛城及其周遭歷史建築群、金瓜石聚落、澎湖玄武岩自然保留區、台鐵舊山線、玉山國家公園、樂生療養院、桃園台地埤塘、烏山頭水庫與嘉南大圳、屏東排灣族石板屋聚落、澎湖石滬群」，共計 17 處共 18 點。

　　「世界文化遺產」代表作以「具有普世的價值與重要性」為核心原則，另一項「人類非物質文化遺產」則以「平等」與呈現「文化多樣性」為核心取向。若以台灣而言，如果是順著台灣民俗節氣，從開春以降，新年、元宵、清明、端午、中秋等相關的民俗慶典皆有其可觀之處，其中最具規模與特色者，當屬「鬧元宵」與「度鬼月」兩大祭典，元宵時節「小過年」，十分放天燈、鹽水的蜂炮、澎湖的乞龜等皆有其傳承與動態的歷史價

● 古蹟是人類遺留的文化資產之一

值以神明信仰的廟宇祭典來觀看，最具動能與規模最盛大的當屬「三月瘋媽祖」，進香繞境活動，相當具有資產價值；此外，屏東縣東港鎮與台南線西港鄉王船祭的王爺信仰、三峽祖師廟以神豬競賽供奉清水祖師、祭拜玄天大帝的嘉義鞦韆賽會歷史悠久的傳承，與保生大帝信仰攸關的則有台南學甲上白礁與台北大龍峒保生文化祭等，都有其民俗資產意義。此外，若飲食文化能視為無形文化資產之一支，那台灣最道地的飲食文化又會是哪些？ 台灣的茶藝文化是東方茶文化脈絡最具代表性的環節。而因台灣特殊的歷史變遷因素，國民政府遷台時匯集大江南北的各省料理，與台灣本地融合，成為獨特的台菜料理以及台灣小吃，亦具備無形資產可觀性。

若回歸台灣的文化資產政策，在近年有關鍵性轉變，台灣「文化資產保存法」自 1982 年制訂公布施行以來，經多次略修，至 2005 年修訂，完成全面性修法，昭示台灣文化資產保存邁入另一階段。

值得關注的是，修正案的第一條即敘明：「為『保存及活用』文化資產，充實國民精神生活，發揚『多元文化』，特制訂本法。」對比於修法前第一條：「本法以『保存』文化資產，充實國民精神生活，發揚『中華文化』為宗旨。」可知修法後有兩大重點，特別強調「活用」，以及對「多元文化」的重視，簡述如下：

其一為「強調活用」：修法的第一大重點，係從以往與時代脫節，僅

● 鹿港小鎮媽祖廟新祖宮

供人憑弔的凍結式保存，轉為再利用活化。台灣近年來因應以往修復完成後的古蹟，常有經營管理不善弊病，加上國際思潮強調文化資產，不再只是刻板復原處理成僅供緬懷的史蹟，而是強調其活化再利用，文資活用成為顯學，故文資法修法中，修正古蹟、歷史建築及聚落保存及再利用原則，包括尊重原貌、善用都市計畫工具，以及為古蹟與歷史建築之再利用，就建築管理、消防安全及土地使用等另定辦法，以促其活化再生。

　　文化資產活化再利用，常衍生許多爭議性問題，如觀光化與商業化衝擊，文史界、餐飲界、觀光界、在地居民與觀光客期待不同等，如何在文化保存與商業利益中，取得平衡，是現階段棘手議題，而除商業利益外，政治性角力亦常將文化資產作工具化操作，更是保存活用最大挑戰。

　　其二為「彰顯多元文化」：文資法修法的第二項重點，係從之前僅以

「中華文化」概括台灣文化資產，轉為除漢文化外，需重視原住民族等族群文化，且漢文化中之客家文化、眷村文化亦獲得較多關注，另外諸如日本時代等不同殖民時期遺留資產，亦被正視為台灣歷史中多元文化遺產。而在國際相關文獻中，聯合國教科文組織世界遺產中心「奈良真實性文件（The Nara Document on Authenticity）」中提到：「世界上多元文化與遺產，為豐富人類精神及智慧所無可取代的資源。」（United Nations Educational，Scientific and Cultural Organization，1994）多樣性是創造的動力，如何在歷史中提煉出最佳養分，呈現台灣多元歷史的文資 DNA，是否能激發文化創造力，成為台灣面對未來的力量，亦是一大課題。

• 日本金閣寺

文資法所稱為文化資產，指具有歷史、文化、藝術、科學等價值，並經指定或登錄之下列文化資產，現分七大類：

一、古蹟、歷史建築與聚落：指人類為生活需要所營建之具有歷史、文化價值之建造物及附屬設施群。

二、遺址：指蘊藏過去人類生活所遺留具歷史文化意義之遺物、遺跡及其所定著之空間。

三、文化景觀：指神話、傳說、事蹟、歷史事件、社群生活或儀式行為所定著之空間及相關連之環境。

四、傳統藝術：指流傳於各族群與地方之傳統技藝與藝能，包括傳統工藝美術與表演藝術。

五、民俗及有關文物：指與國民生活有關之傳統並有特殊文化意義之風俗、信仰、節慶及相關文物。

六、古物：指各時代、各族群經人為加工具有文化意義之藝術作品、生活及禮儀器物及圖書文獻等。

七、自然地景：指具保育自然價值之自然區域、地形、植物及礦物。

本書十大主題單元 30 條小鎮路線，各篇融入文資 DNA，在另闢的文字中闡述，邀讀者體會台灣有形與無形的文化資產之文化創造力。

觀光 DNA

行政院核定「觀光大國行動方案」包含有：

1. 優質觀光：追求優質觀光服務，提高產業附加價值

2. 特色觀光：跨域開發特色產品，多元創新行銷全球

3. 智慧觀光：完備智慧觀光服務，引導產業加值應用

4. 永續觀光：完善綠色觀光體驗，推廣關懷旅遊服務

• 寺廟文化是台灣旅遊必走行程

針對上述「優質觀光」、「特色觀光」、「智慧觀光」、「永續觀光」等觀光政策與趨勢而言，觀光不再是走馬看花的休閒活動，而是趨向以文化為重的深度旅遊為主，深度旅遊是當今觀光發展中的一種新興旅遊型態，意即遊客在某一個特定旅遊景點中，透過自然與人文的旅遊資源與產品，以基本的觀察、學習與體驗，豐富與增進知識，甚至引導或鼓勵遊客改變長期的行為習性、生活型態或人際互動方式，提升自我心靈與內在價值，達到心理與生理層面的解放與舒展的旅遊方式。

觀光策展年代

此時具備創意思考能力的創意觀光旅遊企畫人，即「旅遊策展人」，開始在觀光產業中興起。「策展人（Curator）」，最初意指負責博物館藏品保存和研究的專業人士。最近策展人一詞，更衍生詮釋為具有某些整合特質的規劃者或風潮引領者，在專業領域保有自己特有的主張風格。

何為「旅遊策展」？可先從「策展」一詞說起，最初原是借用自藝術、設計業界的說法，指的是一個藝術展覽活動的規劃及推動，做這件事的就是「策展人」。2013 年策展概念在台灣呈現極端化狀態，一端是極力向國際雙年展看齊的高端型策展模式，需要收集各方資源、邀請明星藝術家並寫出深奧論述，這樣的策展必須訴諸專業者；另一種則是以德國藝術家波伊斯「人人都是藝術家」的觀念，輔佐「人人都是策展人」概念的策展模式，展覽調性相較前者是緩慢輕鬆，參與的藝術家可以用各種形式展出，甚至現場創作展覽內容，這樣的新定義，在日本與台灣引起不小迴響。

佐佐木俊尚（2012）則將這個詞衍生詮釋，在二十一世紀，「策展人」過濾訊息、給予解釋、賦予意義，除了選擇展品之外，更費心安排展覽、撰寫材料、傳達理念，為一則訊息、作品或商品，提出看法、重組價值、

分享串聯，因此，所謂策展，在過去，指的是策展人在博物館中所策劃的展覽；而現在，策展也可以是指從恆河沙數的資訊洪流中，策展人以其價值觀與世界觀淘選資訊，賦予新意並與大眾共享，少了主流章法，能利用展覽所傳達的思維理念便更加自由。

• 2016 年威尼斯國際雙年展

　　若從旅行的角度來看，「旅遊策展人」則能營造出獨特旅行氛圍，讓行程不只是單純的將景點串連，而是有主張、有觀點、甚至有專業的執行能力，最終形成一個能產共鳴、可被分享的同好出遊模式。雄獅旅遊集團──欣傳媒發行《一次旅行》雜誌，旨在傳達旅行主題化的新概念，其第 15 期主題即是「旅遊策展人」，工頭堅（2013）在〈策展的觀念來規劃旅行〉中表示，從機票的選擇開始，不同類型、國籍航空公司的服務與氛圍或是機位，都將分別帶來不同的飛行體驗；訂飯店的原則，從奢華享受的品牌飯店、民宿到青年旅舍，便隨著自己的選擇，而進入不同的空間、與不同的人群接觸，就好像你選擇了什麼樣的場地，來做為展覽的空間；至於行程的規劃，因為每位策展人的見聞與歷練不同，組合與創造出的行程就不同，於是從這個角度來看，遊程設計就不只是遊程設計，而是運用工具與專業執行，營造出獨特旅行氛圍的「旅遊策展」。

十大主題類型觀光旅遊小鎮 GO ！

　　旅遊策展的年代，如何進行一場場小鎮漫遊？ 本書將交通部觀光局舉辦票選小鎮，如北投、坪林、苑里、集集、東港、成功等入選小鎮等納入各主題脈絡有專章描述，並另以脈絡分類，將全書分十大單元，以1.「宗教民俗觀光」、2.「溫泉」、3.「手藝」、4.「魅力漁港」、5.「茶香」、6.「鐵路」、7.「山城」、8.「離島」、9.「花卉」、10.「自然生態」小鎮主題，選擇獨具特色的在地聚落，串聯國家推動的觀光小鎮景點，以小鎮在地創生、在地體驗的軟實力，結合文資 DNA 與觀光 DNA 的景點故事，提供讀者小鎮深度旅遊的路線提案，感受當地的文化、生活與食物，讓台灣小鎮漫遊有不同的視野與風情。

　　宗教民俗、溫泉、工藝、魅力漁港、茶香、鐵路、山城、離島、花卉、自然生態，十大台灣小鎮主題，三十條路線漫步，遇見各有特色的小鎮風情，就讓我們一起漫步十大主題類型的觀光旅遊小鎮，Just Go ！

• 澎湖花火節，可以讓遊客
　體驗不一樣的島嶼風情與
　節慶

宗教民俗觀光小鎮

漫步屏東東港，遇見王船祭

漫步高雄內門，佛祖遶境紫竹生春

漫步屏東萬巒，萬金天主堂聖母遊行

• 東港漁港

• 東隆宮金碧
輝煌的牌樓

漫步屏東東港
遇見王船祭

• • •

≫見鎮歷史

　　南台灣的午後，空氣中的熱浪，讓鋪在鮪魚上的碎冰緩緩地融化，碎冰化作水灘，和大魚的血水流溢著。地表沁出的魚腥味，是討海人的味道，這味道任你怎樣洗刷，也沖洗不掉，這裡就是東港。

　　東港位於屏東平原臨海地帶，東臨東港溪，西臨台灣海峽。在明鄭時期，東港一帶是安置罪犯的地方，由此可知水土惡劣。1864（清同治3）年6月，全台大雨鬧水災。東港再加上海水倒灌，狂風驟起，舊東港雙溪口居民不堪其苦，顧及安危才集體遷到東港溪東岸現址，此即「新東港」。

東隆宮

　　東隆宮、朝隆宮和福安宮是東港三大公廟，祭祀神祇分別是王爺、媽祖和福德正神，其中又以東隆宮的溫王爺，無疑是東港人心目中的信仰

• 每年雖有黑鮪魚文化觀光季熱鬧舉行，不過東港
的日常，有部分還殘留小漁村的模樣

• 東隆宮的迎王祭典，是東港人
的一大盛事

中心。東隆宮除了最早在東港建廟外，其落腳東港的故事和廟宇數度遷建
的傳說，始終緊緊地貼扣著東港的歷史發展，溫王爺的神蹟神靈活現的存
在於東港人的言談間，更背負著東港人超過兩個世紀的寄託。

>>見鎮魅力

東港王船祭

「東港迎王平安祭典」是台灣南部最
有人文特色的民俗活動之一，東港迎王
俗稱「燒王船」。每逢三年一科的東港迎
王，為期八天的王船祭典，由於莊嚴考究
的儀式，使其成為台灣王爺信仰祭儀的經
典。從迎王、遶境、宴王到送王，期間各

• 每逢三年一科的迎王船，是東港
最重要的民間信仰祭典之一

項繁縟祭禮，華麗的神轎、威武的陣頭藝閣、喧鬧的鑼鼓團、七角頭轎
班、王馬帥印、虔誠香客等。讓人目不暇給的場面，十足顯現東港人散發
的鄉土熱情和對神明的敬意。

東港迎王（又稱迓王）習俗，約在清朝康熙末至乾隆年間才出現，而
拜王船習俗源自瘟神信仰。王船祭本來是中國大陸福建沿海一帶的宗教祭

1. 木造的王船
2. 迎王祭典的主角：王船

典，當地人為了在海上航行平安，於是建造了無人搭乘的王船，將船推入海中，以求能夠消災解厄。王船順著洋流漂到台灣西部沿海靠泊後，民間相信這是「天意」。為了消災除疫，得再舉行一次王船祭典，並建廟供奉。

祭典分為「遊地河」和「遊天河」兩種：遊地河是指將船流放於海上漂流，目前在台灣已經沒有這種宗教儀式了；東隆宮的王船儀式，屬於遊天河，也就是採取陸地焚化的方式。到了 19 世紀中葉，台海西南岸已逐漸興起「燒王船」的王船祭了。今天從雲林、嘉義、台南、高雄到屏東，再繞到澎湖，只要是王船祭，清一色都是「遊天河」。雖然「遊」法各有不同，但「玩」法卻是一樣，那就是放一把火，燒掉！

東港王爺祭中，王船是最重要的法器。以前王船是用細竹條搭成支架，再糊上彩紙形成紙船，只要一、兩個月就可完成。但 1973 年恢復木造王船後，仿照古代帆船。加大船身，更選用上等檜木，講究船型、雕刻和彩繪裝飾得細膩美感。動員當地造船匠師多達數十位，前後耗時約一年光景。

迓王祭典的第 2 ～ 5 天是繞境出巡活動，範圍包括南、北、中與農區。王船祭的第 7 天，也就是送王的前一天下午，又得忙著「遷船遶境」儀式。這時沒有喧鬧的陣頭、家將隨行，只有王船、船具法器、溫王爺神

3. 遶境出巡中的
   王船

4. 遷船遶境沒有陣頭隨行，只有王船、神轎及衣著色彩鮮明
   的轎班人員，象徵「驅瘟押煞」

轎和七角頭轎班人員。象徵著「押煞驅瘟」，大家紛紛在家門前用替身改運，表示載走厄運替身，是「瘟神」信仰的極致表現。放眼望去，龐大的王船身影被鞭炮煙霧烘托出若水上行舟，綿延數公里的轎班人員，不同顏色的旗幟格外鮮明。

　　「送王」的時序已屆晚秋，凌晨兩點多，又回到崙仔頂海邊的延平路上。所有持香的香客信眾，雖然相互簇擁，但卻一語不發，兩邊店家住戶也早已關閉門窗。抵達海灘就定位後，是整個王船祭典的重頭戲，東港所有人都要放下手邊工作，共同參與。數十萬人和上百頂神轎齊聚東港海邊，不僅將東港的王爺文化推到最高潮；卯時（5～7時）一刻，懸掛於船頭的鞭炮大鳴大放，王船四周火苗竄燒，不消幾時，王船很快就被熊熊烈火給吞噬。

　　海灘上，老一輩的人仍信守「偃旗息鼓，就地解散」的傳統慣例，跪地一拜後，順手將手上的清香插在海灘上，隨即起身尾隨神轎悄悄步離海邊。「不可出聲」和「不可回頭看」，以免疫癘再循著聲跡折返。這是典型的送瘟王儀式，象徵千歲爺啟程返回天庭覆命，也帶走了地方的瘟疫邪靈，而下次的東港王爺祭，就要再等三年後了。

鮪魚季

方秋停在〈潺潺東港溪〉說道：「轟動的鮪魚季振奮所有東港人心，一條條自遠洋到來的黑鮪魚橫躺市集，金波逐浪，人潮湧聚。那曾經沉寂的漁市沸騰了起來……。」自 2001 年起開辦「黑

• 來到東港，不可不到東港漁市逛逛

鮪魚文化觀光季」以來，東港印象已與黑鮪魚觀光文化畫上等號，造訪當地，除了大型活動外，更不可錯過知名的「東港三寶」美食：黑鮪魚、櫻花蝦、油魚子。

櫻花蝦

世界上只有兩個地方可以捉到類似櫻花飄零的「櫻花蝦」，一個是日本靜岡縣的駿河灣海域，另一個就是台灣屏東的東港溪出海口附近，就是這麼難得，故有「國寶蝦」之稱。櫻花蝦之所以能夠如此光鮮美艷，源自於體內的紅色素，在不到五公分長的蝦身內，居然密密麻麻佈滿著 161 個發光器，不亮也難。且富含高單位天然優質的鈣、磷和粗蛋白質等，具有相當高的營養經濟價值。聽說日本人吃櫻花蝦是一尾一尾吃，咱東港人得天獨厚，是一把一把抓著吃。

• 一尾尾橫躺市場、待價而沽的黑鮪魚

東港老街

東港老街以延平路最熱鬧，號稱「東港第一街」。實際上，與延平路垂直的朝陽街、中山路以及鄰近的中興街和通明街，都算是東港老街的範圍內，俗稱「五」字街，正好斜依中山路西側一帶。其中的朝陽路曾經是東港最寬闊的街道，聚集許多商家行旅及地方小吃；而朝陽路與延平路交會的媽祖廟口，則是最熱鬧繁華的地方。

朝隆宮：媽祖廟

位在延平路與朝陽路交會處，有座富麗堂皇的牌樓，圓拱型的入口設計十分特殊，名為「后德門」，這是東港三大宮廟之一的朝隆宮所在。朝隆宮，1716（清康熙 55）年興建，供奉著近 300 年歷史的湄洲媽祖，和北港朝天宮、竹南中港慈裕宮，並稱為「台灣三媽祖」。創建時，地方相傳東港沿海一帶突然出現難以數計的小蝦米，附近居民捕之不歇，相信這是媽祖的神蹟，帶給東港人的漁利，而被稱為「蝦米媽」。

華僑市場

另一個區塊是不到 100 公尺長的華僑市場，外圍是與車輛爭道的流動攤販，市場內除了提供新鮮現撈的魚貨外，也有提供果腹的小吃攤，販賣蔬果的攤子也來了，異常熱鬧。場內有一家創立逾百年的瑞字旗魚黑輪，以新鮮美味、真材實料，不摻防腐劑馳名，這家黑輪的製作程序跟基隆廟口的天婦羅一樣，都是即做即炸，將表皮炸至金黃，常見顧客大排長龍。

1. 素有「蝦米媽」之稱的朝隆宮
2. 華僑市場的海鮮傳統美食，遠近馳名
3. 東港漁市猶如鮮味寶山，難得空手而回

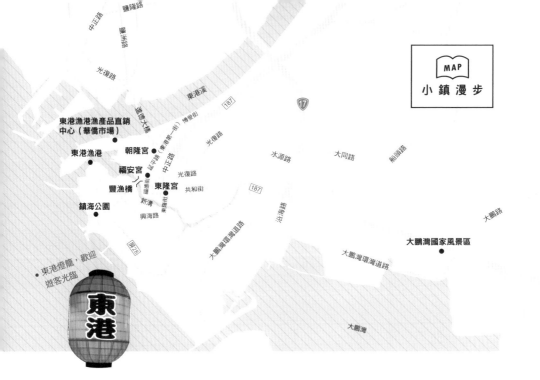

1. 華僑市場的鮮味美食　2. 迎王祭典前蓄勢待發的王船身影　3. 遶境出巡前的王船　4. 漁港內成排的鮪魚　5. 隨王船遶境的轎班人員　6.Intel 公司的無人機表演「屏、東、TAIWAN 及 Intel」拼字燈光秀　7.「屏」燈光秀　8.「東」燈光秀

延 伸 亮 點

大鵬灣國家風景區

　　享受南臺灣椰林風情，與浪花濯足熱情的邀約；品嚐台灣第一漁港現撈的生猛海鮮，以及風味獨特享譽全台的黑鮪魚、黑珍珠蓮霧；漫步在晨曦或夕陽的霞光裡，欣賞台灣最南端的紅樹林，蔚藍海岸與潟湖自然景觀之美，是在台灣其他地方無法取代的體驗。

　　行政院於 1995 年核定大鵬灣為第四個國家級風景區，包括大鵬灣、小琉球。2019 年，台灣燈會在屏東，會期由 2/17～3/3，主會場就在大鵬灣，海上幻燈會，千奇萬變，造成萬人空巷，遊客絡繹不絕，咸認為歷年來最佳燈會之一。

● 2019 燈會在屏東東港與大鵬灣園區，主燈：巨鮪來富

宗教民俗
觀光小鎮

• 岡山之眼，似小
提琴琴頭的主塔

漫步高雄內門
佛祖遶境紫竹生春

• • • •

≫見鎮歷史

　　清領時期，高雄市旗山地區統稱為「羅漢門」，範圍涵蓋今內門、旗山、杉林等地。其中的羅漢內門即今內門區，羅漢外門泛指旗山區。1722（清康熙 61）年，清廷曾沿著台灣山脈西麓緩坡丘陵劃上一條「番界線」，現今的美濃區、甲仙區、杉林區、六龜區、那瑪夏

• 二仁溪蜿蜒穿越內門區

• 人潮如織的內門紫竹寺

區、桃源區及茂林區皆在該番界內，屬於番地。而羅漢內外門則屬番界外，是平埔族馬卡道族大傑顛社居地。

雍正以後，羅漢門漸有內外之分，界址位於今內門區與旗山區交界的嶺頂，嶺頂西麓稱羅漢內門，東麓則稱羅漢外門。內門的開發肇始於台南府城的人口壓力，內門可謂旗山地區漢人開發最早的地方。雍正年間，羅漢內門已發展成台南府城以東最大的市集。

朱一貴，台灣史上的出名人物。他出身卑微，渡海來台謀生，以養鴨為業，因交游廣闊、頗富聲望，而被推舉為領袖，帶領群眾反抗暴政。在短短數十日內即攻陷府城，登基為王，成功建立新政權。然而由於缺乏治理能力，加之內部分裂與族群衝突，開國不及兩個月，即在清軍圍剿下分崩離析，旋即在溝仔尾（今嘉義縣太保市）被捕，解送北京處死，結束他短暫又不凡的一生。

● 遶境的三頂主要神轎休息中　　　　　　　● 民眾利用遶境休息空檔，向神轎跪拜祈願

>>見鎮魅力

內門紫竹寺

　　相傳 1696（清康熙 35）年間，有先民郭元興由福建省德化縣來台拓墾，起初落居於羅漢門觀音里的番子路（祖厝），且迎來原鄉五穀溪觀音菩薩金身來台供奉。郭氏來台後，神蹟屢現。相傳供奉於佛祖前的香爐，竟然不翼而飛，遍尋不著，後來發現於附近林中三叉樹枝上，爐中香火仍然裊繞不絕，且一再發生，事聞於鄉里，甚感靈驗，信眾日廣，膜拜參香者絡繹不絕。

　　清雍正年間，縣丞葉文炳利用飛爐神蹟發起大廟籌建，藉宗教力量以達教化人民的目的。1742（清乾隆 7）年，水師提督吳必達因黃教事件入山剿匪，在路過羅漢門觀音亭(紫竹寺前身)，遂入廟參拜，並賜匾「紫竹生春」。

南海紫竹寺

　　在內門有兩座紫竹寺，一座是位於觀音里（觀音亭）的內門紫竹寺，另一座是位於內豐里（內埔）的南海紫竹寺。內門紫竹寺開發得早，是300 多年的老廟宇，香火鼎盛；南海紫竹寺於 1967 年建立的，兩座廟宇都稱為「紫竹寺」，雖然新舊有別，但規模、座向方位都相當。

• 中埔宋江獅陣的大本營

羅漢門迎佛祖：祈安遶境

　　「羅漢門迎佛祖」的宗教活動，是聞名國際的宗教盛會，被交通部觀光局列為「台灣12項大型地方節慶」。這一項活動最初由內門紫竹寺主辦，在每年農曆2月19日觀音佛祖聖誕前，農曆2月14日至2月17日四天舉辦遶境活動，原則是「弄三年，歇三年」，不過目前則由南海紫竹寺接辦所歇三年，所以每年這個時候都，可看到這個富有傳統特色的宗教活動。

　　佛祖出巡，傳統上皆固定三頂神轎，兩廟的頭一頂神轎都是安坐土地公，因為土地公職司土地、山林，所以佛祖遶境由熟悉環境的土地公帶路；第二頂神轎，兩廟皆有觀音佛祖的父親妙莊王公；第三頂神轎皆是觀音佛祖，包含當時共同來台的大媽、二媽、三媽神像。佛祖遶境出巡的目的是為了祈安巡狩，解決地方的不安寧，所以除了三頂神轎外，必須有八支宋江獅陣、四支宋江陣、二支龍陣及文陣護駕完成任務。

宋江陣

　　宋江陣的源起，據傳是明鄭時期的「藤牌兵」蛻變而來，結合民間信仰與地方武力而成的陣頭。由於內門地區以惡地地形聞名，因土壤含鹽分高，土壤貧瘠，不利糧食作物生長，所以先民生活困苦，盜匪猖獗，加上

官府遠在天邊，鞭長莫及，迫使內門各村落自組守衛隊，演練各種武藝，抵禦外侮，以求自保。這項早期為了保鄉護民的地方守衛隊，以觀音佛祖為信仰中心，為了配合神明遶境，演變到後來，成為現今的宋江陣陣頭。

近年來，內門宋江陣陣頭，異軍突起的是各大專院校組成隊伍，各領風騷，由於每年舉辦的「全國大專院校創意宋江陣陣頭比賽」，最早參加的隊伍以地主隊的實踐大學宋江陣，連三年取得比賽冠軍最為突出，打響創意宋江知名度，由此一年比一年精彩，一年比一年規模更加擴大，吸引更多專門領域科系組隊競技。

總鋪師（刀煮師傅）

「辦桌」是台灣人共同的回憶，不論是婚喪喜慶或廟會建醮，幾乎都有吃辦桌的經驗。40～50年前的辦桌都是全村總動員，辦喜事的主家必須找左鄰右舍砍竹搭棚，至於帳棚帆布就向雜貨店借用，因為上面經常印有「黑松汽水」字樣，大家就戲稱辦桌宴席是「黑松大飯店」。

高雄市內門區的總鋪師密度高居全國之冠，因為內門地處偏遠的山區，謀生不易，當地居民農閒之餘為求溫飽，自學辦桌以糊口，無形中推動外燴產業，從副業兼差逐漸走向專業經營。全盛時期境內有高達150組總鋪師，每5戶即有1戶人家靠辦桌維生，素有台灣「食神之鄉」的美稱。

2001年起在交通部觀光局策辦的「內門嘉年華」，即結合總鋪師產業，讓各地觀光客在欣賞熱鬧的宋江陣陣頭表演之餘，也能體驗當地的「辦桌」文化，成功地打響內門總鋪師的名號。

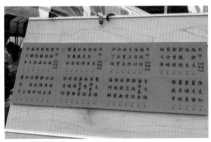

• 義務為佛祖遶境料理
　食物的總鋪師紅榜單

• 陣頭、香客休息用餐

順賢宮

位於實踐大學高雄校區對面的順賢宮,主奉天上聖母媽祖,2008 年才建廟落成。宗教、民俗結合創意、文化,可說是內門新起之秀,與內門紫竹寺、南海紫竹寺鼎足而立。

萃文書院

位於觀音國小旁的萃文書院,是清朝年間南台灣的佛學文教重鎮,羅漢門當地學術風氣鼎盛,1812(清嘉慶 17)年,由百姓聚資興建,教育境內子弟,附近的旗山、關廟、歸仁、新化、田寮、美濃等地也風聞前來就讀。命名「萃文」,取其「出類拔萃之門」之意涵,而成為羅漢門文化的發祥地。1978 年,萃文書院改建為一座二樓宮殿式建築,一樓為長青俱樂部老人活動場所,二樓供奉孔子諸賢及文昌帝君。並於 1986 年設立圖書館,成為區內學子讀書的好所在。

七星墜地

位於內門區觀音里台 3 線公路兩旁,相傳是內門紫竹寺觀音佛祖龍脈經過的勝地。民間傳說七星塔是古時由天上墜下的 7 顆流星,散落在地上,因此稱它為「七星墜地」。其原始地景是 7 堆土墩,略呈北斗七星的形狀,散布在平原上,故亦稱「七星洋」。1960 年紫竹寺管理委員會為了環境美化及避免該七土堆又被毀損,分別將七土堆以鋼筋水泥建造成 4 尺高的燈塔,分別命名天福、天璇、天權、天璣、天衡、開陽、遙光。

1 | 2

1. 萃文書院
2. 位於台 3 線旁的 4 座七星塔,地名「七星洋」,是傳說「七星墜地」的地方。

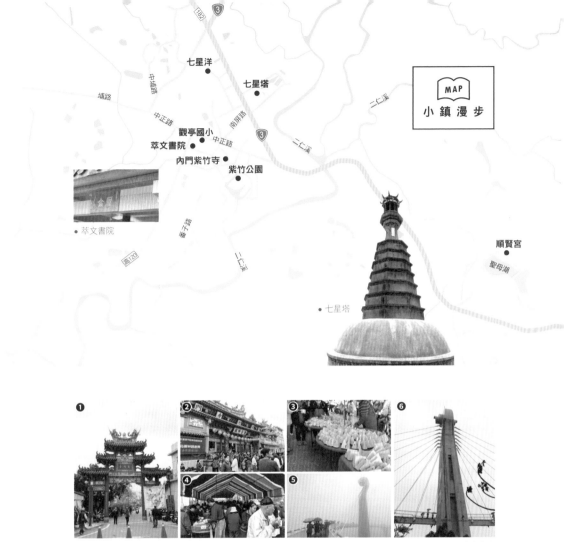

七星洋
七星塔
二仁溪
MAP
小鎮漫步
中埔路
埔路
中正路
中正路
南屏路
觀亭國小
中正路
二仁溪
萃文書院
內門紫竹寺
紫竹公園
番子路
高120
二仁溪

順賢宮
聖母湖

● 萃文書院

● 七星塔

1. 內門紫竹寺正門牌坊　2. 內門紫竹寺　3. 食物免費供應，由善心人士提供　4. 辦桌，就是這麼澎湃，只見人山人海
5. 霧雨濛濛之中的岡山之眼　6. 岡山之眼

- - - - - - - - - - - - - - - - BONUS - - - - - - - - - - - - - - - -
延 伸 亮 點

岡山之眼

　　2018 年高雄新地標「岡山之眼」，其最具特色的主塔橋，高
41 公尺，以音樂設計為概念，用小提琴意象呈現，採用鋼構斜
張橋的設計：鋼索為琴弦，末端的迴旋梯是應和的口琴。最頂端
的天空廊道，全長 88 公尺，約 14 層樓高，橋面設有 12 米強化
玻璃鋪面眺望平台，可俯瞰阿公店水庫及森林公園，市區的 85
大樓、半屏山、壽山與台灣海峽也一網打盡。

● 岡山之眼

•萬金教堂

漫步屏東萬巒
萬金天主堂聖母遊行

• • •

≫見鎮歷史

　　聽到「萬巒」，不要以為這地方「山巒疊嶂」，山很多，其實沒有。方圓數里間皆是平地、流水、良田。倒是遠方台灣五岳之老么大武山，翠峰綿延，層層巒巒，算是「萬」座峰「巒」。「萬巒」名稱由來倒是與水有關，流經萬巒的東港溪，是條孕育萬物的河流，萬巒人暱稱為「母親河」。清朝時，東港溪及其支流，水質清澈，隨時隨地都可捉到鰻魚，民眾稱此地為「萬鰻」，而「鰻」與「巒」的客語發音相近，也就成了「萬巒」。但另有一說，古地名是由平埔族語音譯為蠻蠻，後來因可遠眺大武山層層山巒，才改稱「萬巒」。

　　赤山、萬金兩個相鄰的村落，位於大武山腳，東港溪及佳平溪旁，地多貧瘠。住民以平埔馬卡道族居多，還有一部分的排灣族原住民，漢人包括閩、客都屬少數。約有90%的村民篤信天主教，幾乎每家都供奉著

• 哥德風建築高雄玫瑰天主堂

十字架和聖母像，至今，這裡儼然是台灣天主教徒密度最高的地方。

第一次來到赤山、萬金的朋友，會感受到它與台灣其他鄉鎮明顯不同的氛圍，觸目所及幾乎都是天主教的相關事物，如街道角落立有聖母像，稱謂「聖母洞」，以保交通安全，旅客平安。在萬金最主要的道路萬興路的端點，更矗立一座聖殿萬金天主堂。這座中西合璧的白色聖母堂，不僅是當地的信仰中心，也見證著西方宗教融入當地的艱辛歷程。

>>見鎮魅力

聖母出巡遶境

天主教的聖母遊行活動，在萬金天主堂已行之有年，通常在天主教的特殊節日，如復活節、聖誕節、聖母升天節，而最常見的是每年12月的第二個禮拜萬金聖殿堂慶。2012年屏東縣政府將其登錄為縣定民俗及有關文物。

聖母遊行於午後1：30分展開，台灣各地的天主教徒多會組團前來共襄盛舉，有如參加嘉年華會般的熱鬧；聖母瑪利亞立像安奉於華

1. 有別於台灣一般廟宇的神轎
2. 聖母遊行的隊伍

1
2

• 藝識咖啡店內擺飾　　　　• 藝識咖啡店內主題擺飾

麗的神轎上，由教友輪流扛著出巡，神轎形式雖是西洋式的，但扛法卻是台灣在地的；虔誠的教友一路頌念「玫瑰經」和「哈利路亞」等聖歌。

　　大武山腳下的赤山、萬金庄，這一夜非常熱鬧，平常入夜後寂靜的夜色，被滿天煙火及鞭炮聲震天價響。浩浩蕩蕩的遊行隊伍與裝飾各式的聖母瑪利亞神像的花車，從萬金天主堂出發，沿著赤山、萬金的主要道路緩緩前進，步行約 3 個小時，把赤山、萬金大致繞行一周，又回到萬金天主堂獻花、詩歌禮拜後才告落幕。

在 地 體 驗 的 故 事

藝識咖啡

　　位於萬金天主堂右側的「藝識咖啡」，店內特有的傳教士咖啡、修女咖啡風味獨特，耶穌套餐、神似貝果的耶穌餅更是稀奇。店內也陳列著各種聖像及天主教相關文物，彷彿是天主堂附設的賣店。店主叫麥克，中文名潘智仁，除了賣咖啡，也是雕塑家，專門雕塑聖母像的藝術家，手藝精巧，風格細膩，深受收藏者喜愛。他也是教育工作者，更是社區營造的推動先鋒，對於社區創生不遺餘力。

萬金天主堂

1859（清咸豐9）年，西班牙道明會神父郭德剛從菲律賓抵達打狗，在高雄愛河畔建立了玫瑰聖母堂。由於郭神父經常一身漢人裝束打扮，搏得當地人的信賴，順利在高雄前金地區扎下天主教的根基。

前來聽道的教友中有一些來自萬金的村民，因此促使郭神父萌生到該地傳教的念頭，這段期間郭神父步行從打狗到萬金兩地往返傳教。後來在萬金購地，建立一座以土确砌成的第一座聖堂。當年年底，即有首批教友受洗。

1865年南部大地震，聖堂牆壁倒塌大半，經修建如初，但歸化領洗者日益增加，聖堂顯得狹小，而有興建大堂的構想。1869年購得現址，乃依西班牙古堡式建築鳩工興建。建堂材料主要來自福州，費時一年才完工。建築外觀為西班牙碉堡形式，正面有雙塔；內部則融合東方色彩的巴西利卡式禮拜堂，有仿哥德式玫瑰窗，呈現出獨特的風貌。

1874（清同治13）年，清廷船政大臣沈葆楨，奉命巡視南部開山工程，途經萬金庄，目睹莊嚴宏偉的聖母堂坐落在安和靜謐的農村，尤其神父身著漢服，用閩南話與村民溝通，教友和樂團結，深受教會感召，有助於撫番工作，因此上奏嘉勉，同治皇帝乃親賜「奉旨」及「天主堂」花崗石碑。於1875年鑲嵌在教堂正門上方，自此各地百姓不得干擾傳教，官員路過，必須下馬行禮，以示尊崇。

1984年12月9日，萬金天主堂受教宗若望保祿二世封為「聖殿」，次年台灣地區主教團宣佈聖殿為全國朝聖地，

1 ｜ 2

1. 位於萬金街角一隅的聖母像，稱為「聖母洞」，藉以保護社區平安
2. 西班牙碉堡式的萬金教堂

1. 觀海山房
2. 劉氏宗祠

內政部也審定為國家古蹟,萬金天主堂
遂成為台灣著名的宗教聖地。

劉氏宗祠

　一溪之隔的五溝水,是個截然不同
的世界。典型的客家村落,名符其實
的,它有 5 條溪流,且本身各自有湧
泉,由溪底湧出冷泉,讓小溪終年盈盈
而流。偎依溪畔的劉氏宗祠是典型的
客家「圍屋」,兼具宗祠與居家功能,
是劉家第 10 代祖先劉連智來五溝水開
墾,歷經數代人的努力,經營有成,斥
資興建,建於 1864(清同治 3)年。建
築坐西向東,祠堂居中,其後有廳,兩
側各有二層橫屋(護龍),建材大多來
自原鄉大陸。

　1921(日大正 10)年,又增建庭前
廣場及小閣樓,為洗石子的巴洛克式風
格建築,和當初的建築格式迥然不同。
歷經百年歲月的洗禮,宗祠的木窗、石
柱、棟樑、雕花仍保有原貌風采,被列

為縣定古蹟。

觀海山房

　建於 1921(日大正 10)年,被譽為
「五溝第一學堂」的觀海山房,就位在
劉氏宗祠附近。這是劉家第 16 代劉秉
淵、劉維經兄弟辭官後,在恩師劉耀初
的建議下,在故鄉五溝水所建的私人學
堂,負起教育地方子弟的重責。當時
地方上有句諺語:「不入劉者,不入流
也」,意指不到劉家觀海山房讀書者,
就是不入流之輩,可見當時這座學堂的
重要性,早期六堆的客家子弟也都以到
五溝水觀海山房讀書為榮。

萬巒豬腳

　　萬巒豬腳的人氣轟動全台，使它聲名遠播、成為客家美食代表的推手，是萬巒海鴻飯店的老闆林海鴻。他原在民和路舊市場賣帕面粄（客家粄條），一天遇到一位隨國軍撤退來台的外省人，教他用 6 種中藥材滷豬腳，經過 2 小時以上的慢火細燉，待油亮軟透就可以起鍋，然後切塊沾醬吃。用這種方法滷出來的豬腳，特色是肉質軟嫩不油、齒頰留香，讓人百吃不厭、回味無窮。

　　起初他不敢滷太多，結果生意不差，豬腳的名氣愈來愈大，遂成了豬腳專賣店，不僅吸引許多外地人前來光顧，甚至連故總統蔣經國也讚不絕口。每當前往墾丁的遊覽車，回程時，一輛一輛往萬巒小鎮鑽，停車場停滿了車輛，遊客飽食之餘，莫不人人提著萬巒豬腳的手提袋，回家想孝敬家人。

• 馳名全台的萬巒豬腳

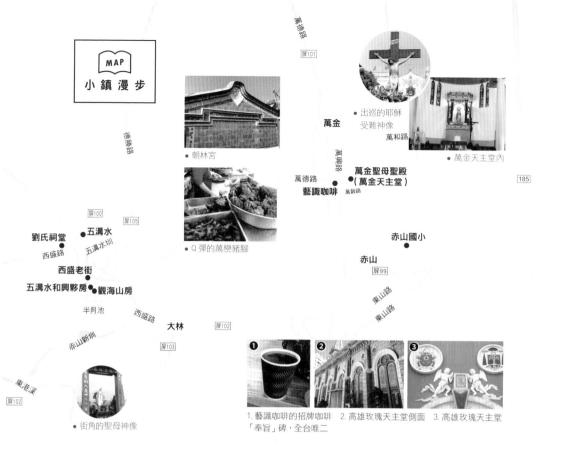

萬德路

屏101

德勝路

萬明路

萬金

• 出巡的耶穌
受難神像

萬和路

• 朝林宮

萬金聖母聖殿
（萬金天主堂）

• 萬金天主堂內

萬德路

藝識咖啡

萬巒路

185

屏100

屏105

劉氏祠堂

• 五溝水

五溝水圳

赤山國小

西盛路

西盛老街

赤山

五溝水和興夥房 • 觀海山房

屏99

半月池

西盛路

東山路

大林

屏102

東山路

赤山新圳

屏103

東港溪

屏102

• 街角的聖母神像

• Q彈的萬巒豬腳

❶   ❷   ❸

1. 藝識咖啡的招牌咖啡 2. 高雄玫瑰天主堂側面 3. 高雄玫瑰天主堂
「奉旨」碑，全台唯二

BONUS
延 伸 亮 點

高雄玫瑰天主堂

1858（清咸豐8）年，羅馬教廷命當時菲律賓道明會兩位西班牙籍神父來台傳教。1858年5月18日抵達打狗，這一天即成為天主教在台正式開教的紀念日。同年12月，郭德剛神父購買當時前金靠海邊的土地（即今教堂所在地，以稻草蓋屋，作為居住兼傳教所；1860年改建為「土角厝」，並命名為「聖母堂」；1863年以紅磚、咾咕石、三合土改建的聖堂完工，並自西班牙玫瑰省迎「聖母像」供奉，更名為「玫瑰聖母堂」。

1928（日昭和3）年，全面改建一座仿哥德式大教堂，是台灣第一座天主堂。

1995年聖堂再度整修，保留原來的外觀，但內部改以鋼材結構。其樣式依然採哥德式建築，造型優美細緻，以垂直向上線條，直上雲霄，有若嚮往天國的感覺。最大的特色是在正門門額上，懸有准其傳教的「奉旨」石碑，由兩位長翅膀的小天使共同扶持著，以防仇教者進入滋事。此奉旨石碑，是1874（清同治13）年牡丹事件後，清廷派福建船政大臣沈葆楨赴台督辦軍務，沈葆楨為開山撫番，神父撫番有功，奏請同治皇帝頒賜奉旨石碑，這和萬金天主堂一樣，是全台唯二的兩塊「奉旨」石碑，也同原為郭德剛神父所創建。門額左右兩側尚有教宗、樞機主教的牧徽，名列亞洲三大聖堂之一。2001年文建會舉辦歷史建築百景票選，玫瑰聖母主教堂榮獲票選第一名。

天主堂

温泉小鎮

漫步宜蘭礁溪，溫泉鄉溝足湯

漫步台南關子嶺，泥漿溫泉水火同源

漫步台北新北投，造訪女巫的住所

• 關子嶺水火同源

溫泉
小鎮

• 清晨的湯圍溝

漫步宜蘭礁溪
溫泉鄉溝足湯

• • •

≫見鎮歷史

　　早期拓墾歷史上，漢人尚未入墾蘭陽平原之前，礁溪地區散居著平埔族噶瑪蘭人與近山的泰雅族部落，根據宜蘭縣誌記載，當時住在礁溪平地的原住民即有7社之多。大規模的開墾是1796年吳沙所率領前來的

漳、泉、粵籍移民，在進入烏石港後一路往南移墾。當拓墾到礁溪時，看到這塊被山谷環抱，溪床又是乾礫砂石，所以隨口稱之「旱坑」。「旱坑」的閩南語發音即「乾溪」，意為乾涸之地，而後演變成「礁溪」。

• 湯圍溝天然湧出的溫泉

● 日治時期礁溪溫泉公共浴場

≫見鎮魅力

　　蘭陽平原的溫泉，主要分布在礁溪與員山兩處，以礁溪開發最早、最為有名，蘊藏量也最豐沛。礁溪的觀光特色在於水，滾熱的溫泉與冰冷的山溪水，在冬夏皆適宜暢遊；到礁溪沒有洗過天然湧出的溫泉，如同到宜蘭沒有品嚐蘭陽名產，礁溪之旅就少了一味。

　　礁溪，從地底汩汩湧出無比溫暖的泉水，自古至今，不知已泡暖了多少疲憊倦累的身軀。這個得「地」獨厚的珍貴資源，使礁溪顯現出迥異的面貌，甚至發展點獨具一格的「溫泉事業」。

　　礁溪溫泉是無臭無味的碳酸泉，清澈乾淨，不像別處溫泉有股嗆鼻味，或是泉水混濁，所以礁溪溫泉常被遊客誤認為燒出來的「熱水」。其實，礁溪溫泉百分百是蘭陽平原純淨地下水，經天然地熱層滾燙，再湧出地表。

　　礁溪溫泉更是台灣少見的平地溫泉，水質含豐富的鈉、鎂、鈣、鉀、碳酸離子等礦物質，湧出地表時水溫約 58℃、pH7.8，為中性碳酸氫鈉泉。礁溪市中心是豐沛溫泉湧出地，只要在市街的中正路、中山路與德陽路都可以找到泡湯、住宿及用餐的地方。

• 三星蔥是宜蘭的精緻農業代表之一

溫泉精緻農業

　　水產與山產是礁溪兩大知名的特產，全國獨一無二的溫泉蔬菜、花卉，還有知名的五峰茶、柑桔以及黃澄澄的宜蘭特產金棗，都是礁溪特有的名產。用溫泉養鱉、熱帶魚；山泉水經氣曝殺菌等流程製成的礦泉水，都是礁溪賴以維生的產業。

溫泉蔬菜專業區

　　1989 年起，溫泉的利用與農業緊密結合，礁溪農會全面推廣溫泉栽植空心菜，成立「溫泉蔬菜專業區」。這種用溫泉水栽培出來的空心菜，有生長快速、莖粗葉大的特性，熱炒後莖葉不易變黑且青脆爽口，頗受消費者青睞，而且每隔 15 天就可採收一次，使溫泉空心菜栽植面積迅速擴張。

溫泉養殖

利用高水溫縮短養殖產業的冬眠期，結果發現以養殖鱉及熱帶魚最適宜。熱帶魚養在水溫高的溫泉水中，成長快速，大大節省業者成本；養鱉業者更利用溫泉縮短冬眠期，從兩年的生長期縮短成一年就可出售，利潤優厚。

• 溫泉養魚，還可帶來觀光效益

在 地 體 驗 的 故 事

結合溫泉與溫室，藤結農場的何政儒為溫泉番茄創造更高的價值，就和溫泉空心菜一樣。他說：「宜蘭都是小農，一定要走精緻化、企業經營」。40 歲不到的何政儒，從事教育工作 10 多年，棄教從農，回到老家礁溪。為了解決宜蘭多颱風，難以控制的氣候，毅然決然花費 400 多萬興建了 0.4 公頃的溫網室。並且也將自家農場，轉型為礁溪第一座對外開放的體驗型農場，希望藉由體驗和解說，讓大家了解作物的生長，給予生命教育的觀念。(周慧青，2015)

• 體驗拔蔥

湯圍溝溫泉

蕭竹友在 1798 年曾來到宜蘭，吳沙的姪子吳化曾招待這位著名的旅遊作家泡溫泉。當時先民已發現地底湧冒出的滾燙熱水，為防止盜匪與生番的攻擊，以竹圍圈起「溫泉」，所以稱之「湯圍」，而礁溪溫泉的舊地名也叫「湯仔城」。1825（清道光 5）年遊宦詩人烏竹芳賦詩〈湯圍溫泉〉，稱其為「蘭陽八景」之一。

礁溪溫泉起源於德陽路福崇寺後的山下，湧泉匯聚成流，昔日當地居民就在這條熱氣騰騰的「燒水溝」裡沐浴。現在這裡建有「湯圍溝公園」，並設有兩座公共澡堂，提供民眾享受截然不同的沐浴情調，若時間不允許，也設有足湯，免費提供泡腳，紓解走路的疲勞。

車站前足湯

在礁溪火車站前並不寬敞的廣場，令人驚艷地建了一座泡腳的「足湯」。下了火車就可以在車站廣場脫下鞋子，泡上溫泉水歇歇腳，彷彿向大家宣告歡迎來到溫泉鄉，把所有一切的繁雜事都拋到九霄雲外。

礁溪公園

礁溪公園內巨木扶疏，在眾多的溫泉旅館旁更顯得綠意盎然。宜蘭縣旅遊服務中心就設在公園內的一角，且公園內也設置體驗泡湯的公共浴場與游泳池，更設有 SPA 泡湯池，讓民眾一年四季都能享受溫泉浴的樂趣。

五峰旗瀑布

五峰旗瀑布是礁溪境內最著名的風景點，由於瀑布後方五座山峰並列，像極了 5 面三角形旌旗，〈噶瑪蘭廳誌〉記載：「以形得名，五峰排列，如豎旗幟。」五峰旗瀑布為「新蘭陽八景」之一的「西峰爽氣」，具有三層瀑布的秀麗雄姿，獨步蘭陽地區。清新的空氣，沁入心脾；仰望瀑布急瀉之姿，氣勢磅礡；水氣濛濛，詩意盎然。

聖母山莊

位於五峰旗瀑布風景區的上方，海拔約 900 公尺，登山步道主要分為兩部分，前為五峰旗瀑布至通天橋，後經通天橋的登山步道至聖母山莊，徒步步程單程約 2.5 小時。山徑環三角崙山而行，彷彿浸潤在一座壯大飽滿的山間。

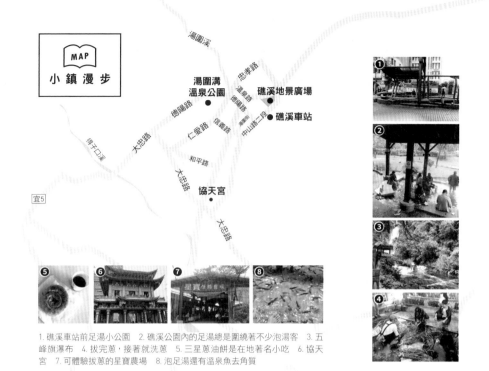

MAP
小鎮漫步

湯圍溪
忠孝路
湯圍溝溫泉公園
礁溪地景廣場
礁溪車站
德陽路
仁愛路
德陽路
溫泉路
德陽路
中山路二段
大忠路
高義路
和平路
大忠路
協天宮
大忠路
宜5
傅子口溪

1. 礁溪車站前足湯小公園　2. 礁溪公園內的足湯總是圍繞著不少泡湯客　3. 五峰旗瀑布　4. 拔完蔥，接著就洗蔥　5. 三星蔥油餅是在地著名小吃　6. 協天宮　7. 可體驗拔蔥的星寶農場　8. 泡足湯還有溫泉魚去角質

延 伸 遊 覽

頭城烏石港的蘭陽博物館

　　吳沙率領先民築城開墾，首建「頭圍」，得名「頭城」。頭城不僅位於草嶺古道的出入口，更擁有「開蘭第一港」：烏石港，是宜蘭的門戶，更是宜蘭地區最早的商業重鎮，中元普渡舉辦的搶孤活動紀念開墾先民，「北頭城、南恆春」，聞名全台。走過繁華興盛，烏石港正如黃昏前的頭城市街般，悄悄在開蘭歷史扉頁裡，添上昔日春帆滿港的風姿。但經過百年的淤積，開蘭第一港如今，已成溼地湖泊一片。100多年的今天，烏石港遺址重新開闢烏石港遠洋漁港，展開海上賞鯨豚、龜山島登島行程。且在港口碼頭與蘭陽博物館之間設立「烏石港旅遊中心」，服務出海旅遊的遊客。

　　蘭陽博物館是宜蘭近年來的新地標，建築體遠看就像一座從土裡冒出來的單面山，斜躺在頭城烏石港礁石遺跡上。靈感來自宜蘭北關海岸一帶常見的單面山，一

翼陡峭、一翼緩斜的山型，為蘭陽獨特的地理特質。蘭博園區內保留原有的烏石港遺址的溼地生態，作為環境教育場所，靠近烏石港遊客中心處展示宜蘭拓墾時期的戎克船，並且有生態小屋、賞鳥屋與「石港春帆」的解說等。

三星蔥是那根蔥

　　來到宜蘭，一把把繫著紅腰帶的三星蔥身價比菜高，而且難得以鄉為名作為品牌，打出全國高知名度的農作物。

現在說到三星鄉，就想到蔥。三星蔥蔥白長，口感細嫩清甜又不嗆，別種蔥吃起來辛辣味較重。三星蔥雖然質美價高，但也嬌弱無比，全程都必須用手工，一畦畦的蔥床都要鋪著乾稻草，保溼防雜草。洗蔥更辛苦，可是等到金黃吱吱的三星蔥油餅入口，這些辛苦是值得的。

• 關子嶺峽谷

漫步台南關子嶺
泥漿溫泉水火同源

• • •

>>見鎮歷史

　　關子嶺位於台南白河區東側的山麓間，早在清乾隆間就已開墾，日治期間因發現溫泉而大舉開發，在台地下的溫泉谷形成了溫泉觀光聚落。由枕頭山與虎頭山環抱，被群山圍繞的山城，在山嵐晨霧間別有一番滿山花開蝶飛舞的風情。

　　自古就是騷人墨客吟詠題材。故有南瀛八景的「關嶺雲岩」以及南瀛十勝的「關嶺攬勝」。本土作曲家吳晉淮曾創作一首〈關子嶺之戀〉台灣歌謠，部分歌詞這麼寫：

1. 沿山腳修建的木棧步道　　1
2. 1920 年代的關子嶺溫泉　　2

嶺頂風光滿人意，清風吹來笑微微，百花齊開真正美，阿娘呀對阮有情意，啊……遊山玩水爬山嶺……

● 秋冬是泡湯好時節

　　描述的是男女戀人共遊關子嶺的情境。作品自 1952 年創作至今，已 60 多年了，三年級或四年級生的台灣人，無不朗朗上口，可見當時關子嶺在台灣是人氣景點。

≫見鎮魅力

　　金秋送爽，正是泡湯好時節。在南台灣想泡溫泉，台南關子嶺溫泉是最佳的選擇。這處從日治時期即開發的溫泉鄉，與北投溫泉、陽明山溫泉與四重溪溫泉並列台灣四大溫泉。關子嶺溫泉水質相當特殊，由於溫泉挾帶地底下泥岩和泥質砂岩層內所含的泥岩微粒與豐富的礦物質，遂成為世界少見的泥漿溫泉，僅見於義大利的西西里、日本鹿兒島，為世界罕見的三大泥漿溫泉之一。泉水呈泥灰色，水質滑溜，帶有硫磺的味道。泡完後肌膚所感受的溫潤滑膩，讓不少遊客趨之若鶩，來此體驗泥漿溫泉養顏美容之效。

　　1913（日大正 2）年，有報告指出，溫泉水含「鐳」。鐳乃放射性元素，傳聞能治百病，被譽為天下第一靈泉，於是關子嶺溫泉聲名大噪。第五任台灣總督佐久間佐馬太於 1907 年來此養傷，1914 年，日本皇族伏見宮親王也來此嘗試台灣關子嶺溫泉有何不同。

甕仔雞

　　關子嶺風景區自仙草埔開始，沿途就可看到一甕一甕的，上頭還有冒煙的煙窗，這就是關子嶺聞名的甕仔雞（桶仔雞）。甕仔雞是採用山上的土雞，把內臟取出，塞入茄苳葉及蒜頭，吊在桶內或甕內，加慢火細烤。桶內吊鉤下放個盤子，鋪以筍乾及剛取出的內臟，等到雞汁濃縮而下，就成一道美味、油而不膩的下水湯。打開甕蓋，肉香衝鼻而來，金黃誘人的酥脆外皮令人垂涎三尺，頓覺食慾大增，飢餓難擋。吃雞肉就如同手扒雞一樣，肉嫩味香，風味別具。趕路的食客，甚至可外帶，就在車裡，看見遊客戴上商家供應的手扒雞手套，吃了起來。

溫泉老街

1914（日大正3）年，特別為伏見宮親王興建的賓館「聽水庵」，位在現今關子嶺大旅社前方，成為官營招待所，因緊臨溪旁可聆聽瀑布及潺潺水聲。可惜於1964年1月18日毀於地

• 碩果僅存的百年老店關子嶺大旅社

• 整頓後的溫泉老街

震，現已改建為停車場。1916（日大正5）年後，陸續興建「洗心館」、「暢神庵」（今警光山莊），也建造郵局和高爾夫球場。當時的關子嶺，滿山谷都是木造的日式溫泉屋，石砌的階梯，岸坡以竹橋相連，而不斷蒸騰的溫泉霧氣繚繞於山谷間，溪谷奔放的流水聲，有如置身仙境，故以「聽水」相稱。

從警光山莊溪旁的木棧步道，沿溪而上，走過跨越柚子頭溪的「閑雲橋」。

潺潺的流水聲，厚厚的硫磺味，十足的溫泉鄉。目前老街僅存靜樂館及關子嶺大旅社，任由時光倒流，這已有100年的歷史。望著老街，想當年，車水馬龍，憶如今，門可羅雀。偶而一二懷舊遊客匆匆而過，難掩孤寂落莫之感！

好漢坡

出老街，順著車道，俗稱「300層」的好漢坡就在眼前。好漢坡原本是溫泉谷與嶺頂的聯絡道路，是日治時

• 好漢坡300層，一望就腿軟

期日軍醫療復健養傷者，考驗自己是否已康復的坡道，若能走完全程，即代表體能已經恢復，又是好漢一條，可以回軍中繼續作戰了。

嶺頂公園

位於175縣道旁的嶺頂公園，範圍不大，早期是運送林產的集散地。公園內設

• 嶺頂公園

有吳晉淮雕像與碑文，以紀念這位台南縣柳營出生的本土作曲家。〈關子嶺之戀〉便是吳先生的作品，另一首〈暗淡的月〉也是吳晉淮先生膾炙人口的名曲。公園內步道兩旁遍植桂花樹，形成綠色巷道，暱稱「桂花巷」。正值桂花盛開季節，滿園生香，令人陶醉。

統茂溫泉會館

統茂溫泉會館本是台南市勞工育樂中心，外包由統茂旅館集團經營，是目前關

• 統茂溫泉會館

• 水火同源

子嶺地區最大的溫泉飯店，以接團體客居多。泡湯的相關設備最多元且完善，有室內外泥漿男女湯、露天冷泉、湯屋與 Spa 游泳池。質感與實用兼具，且泡湯區寬闊無礙，毫無人滿為患的壓迫感。還有很風行的魚吻池，小魚親咬你的腳趾頭，又麻又癢、新奇好玩，很受歡迎。

沐春溫泉養生會館

沐春溫泉養生會館就建在統茂溫泉會館的旁邊。沐春以精緻格調取勝，並無大眾池的設計，而以雙人湯屋居多，收費也較高。沐春有個非常棒的倚山庭院，分別有中式閣樓及日式黑瓦格子窗屋。洗完溫泉後，泡壺清茶，欣賞峽谷風光，樂矣！

水火同源

水火同源，正如其名，水火共生於一源，是難得一見的地質景觀，曾被列為台灣七景之一。位於環山公路上，又稱為「水火洞」，舊稱「靈源」。由於地質構造特殊，蘊含在地底下的天然氣沿著斷層往上竄升，剛好遇到滲出地表的地下水，於是形成氣泡湧出地表。由於氣體質量較輕而浮出水面，點火後，火焰永不熄滅，與石壁隙縫湧出的泉水，形成水中有火，火中有水的特殊景象。清康熙年間的文獻記載：「水火相錯，石罅泉湧；火出水中，有焰無煙，燄發高三、四尺，晝夜不絕。」

水火同源上方石壁間有一石雕像，一般人不明究裡，以為石像是西遊記的孫悟空，其實就是掌管水火的火王爺，上面寫著「不動明王」。

火山碧雲寺

碧雲寺座落枕頭山山腰，氣勢非凡，為關子嶺名剎，原名「火山廟」，列為台南市定古蹟。據傳，1701（清康熙40）年釋應祥禪師自福建泉州恭迎觀世音菩薩聖像一尊，先供奉於大仙寺，後來再供奉於碧雲寺，故又名「新巖」，稱大仙寺為「舊巖」。舊時南瀛八景中的〈關嶺雲巖〉指的正是舊巖大仙寺和新巖碧雲寺。

已有200年歲月、古色古香的廟宇，環繞在蒼翠的群山之中，由廟前停車場之觀景台，古名為「學地」處遠眺，每當旭日東昇，清晨霧氣瀰漫，露水正濃時，漫步在山間小路上方可領會往昔碧雲十景之一的「枕山翠曉」。

「西巖雲海」是指雨季或冬雨過後，經常可見雲霧匯集，隨風飄動的雲海籠罩了整個嘉南平原，鄰近的幾個山頭頓時成了海中孤島。

夕陽西沉時，當夕陽穿透雲端，泛紅的霞光映照在碧雲寺後方的山巔，薄暮下的碧雲寺有如金光罩頂，祥和的景致猶如置身天堂之感，碧雲十景的「麟屏夕照」，正是這樣的寫照。

大仙寺

大仙寺位於枕頭山西麓的環山公路旁，又名「大仙巖」。相傳大仙寺地處「仙人拋網」靈穴，而碧雲寺是「半壁吊燈火」之穴，兩地一氣相連，靈光相映。大仙寺矗立的枕頭山，位在嘉南主峰大凍山之前，林幽嶂疊，白雲低飛，村落點點，環境脫俗。

大仙寺為清初福建參徹禪師所創，至今已有300年歷史，佔地廣達60公頃，為南台灣頗負盛名的佛教勝地，環境清幽，古木參天，固有肅穆寧靜的氛圍，被列為台南市定古蹟。

• 碧雲寺又稱「火山廟」

• 大仙寺

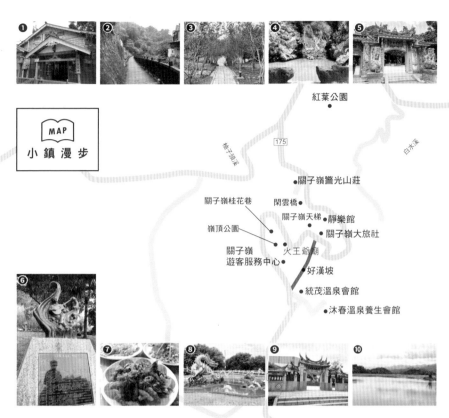

MAP
小鎮漫步

紅葉公園

175

白水溪

柳子瀨溪

關子嶺警光山莊

關子嶺桂花巷　閑雲橋

關子嶺天梯　靜樂館

嶺頂公園　　　　　　關子嶺大旅社

關子嶺　　火王爺廟
遊客服務中心

好漢坡

統茂溫泉會館

沐春溫泉養生會館

1. 關子嶺大旅社仍保留木造車寄　2. 沿山腳而建的步道　3. 嶺頂公園　4. 水火同源　5. 碧雲寺　6. 吳晉淮雕像及紀念碑　7. 關子嶺美食　8. 大仙寺庭園內的噴水池　9. 大仙寺　10. 白河水庫

BONUS
延 伸 亮 點

白河水庫

　　由於白河水庫臨近關子嶺溫泉區，兩者連成一線，增加了許多遊客順道而來。水庫前的小路，種滿水芋，巨大芋葉，迎風招展，好像在歡迎人們的到來。

　　進入水庫大門，映入眼簾，滿園翠綠。沿途林木繁茂，整排高聳華盛頓椰子樹，直到辦公室前，成片的阿勃勒，舒暢宜人。行至西拉雅國家風景區管理處後的山丘高點，俯瞰水庫，山光水色，盡是人間美景。整園杳無人煙，非常寧靜，是沉思發呆的好地方。

● 白河水庫水色

• 溫泉的熱氣與氣
味，讓早期的住
民不敢靠近

漫步台北新北投
造訪女巫的住所

• • •

≫見鎮歷史

　　北投為台北盆地開發最早的地區，原為平埔族凱達格蘭北投社。當
時凱達格蘭人並不懂得溫泉，認為溫泉是種毒水，而不敢靠近，尤其地
熱谷終年煙霧飄渺，神秘莫測，猶如女巫的住所。凱達格蘭族語言中的
「Patou」，即為「女巫」之意，這便是北投名字的由來。

　　早期漢人來此開墾，都以採硫礦為主。後來佔據北台灣的西班牙
人、荷蘭人與清政府相繼開採，硫礦成為北投
早期發展的重要元素。1698（清康熙 37）年，
浙江人郁永河為尋找火藥的原料，於北投探採
硫礦，為第一個留下北投開礦紀錄的漢人。郁
永河曾這樣形容當時的北投：「望前山半麓，
白氣縷縷，如山雲乍吐，搖曳青峰間。」

• 仿新北投舊火車站

清政府於 1887 年在北投設立腦磺總局，北投街才形成，就是現在所稱的「舊北投」；1919 年，日治政府為方便遊客前往，在「台北～淡水」鐵路線上的北投站，另闢一條長 1.2 公里的新北投支線，新的火車站附近稱為「新北投」，這是新北投地名的來源。後來這條鐵路因興建淡水捷運線，於 1988 年 7 月 4 日步入歷史，原新北投火車站改建成現在的新北投捷運站。仿「新北投」舊車站就重建於捷運站旁，作為文創商品的據點。

2011 年底，交通部觀光局舉辦「台灣十大觀光小城」，北投風華小鎮入選。北投擁有秀麗的風光及迷人的古蹟，還有令人津津樂道的溫泉，前來的旅客都難以忘懷北投獨到的浪漫風情。它亦是國際上亮眼星星，包括米其林綠色指南三星級城鎮，美國福斯新聞網與紐約時報旅遊網都曾推薦。

>>見鎮魅力

北投溫泉

1894（清光緒 20）年，德籍硫磺商人奧里（Quely）利用北投特有的硫磺天然資源，開設溫泉俱樂部，為溫泉開發之始。兩年後（1896 年）日本大阪商人平田源吾在今光明路處，開設全台第一家溫泉旅館「天狗庵」，為北投溫泉鄉揭開序幕。帶動北投溫泉區的繁榮興盛，於是各式各樣的溫泉旅館、澡堂、餐廳、俱樂部等紛紛設立，全盛時期更達百餘家。

1916 年淡北鐵路支線新北投站成立後，新北投在交通便捷帶動下，成就當時繁榮熱鬧的盛景，當時新北投附近以溫泉為特色的旅館不勝枚舉，較著名的

1　1. 煙霧裊裊的北投溪
2　2. 位於加賀屋溫泉飯店旁「天狗庵」原址

● 地熱谷

有天狗庵、瀧乃湯、吟松閣等。每家溫泉旅社都極其講究，舉凡庭園設計、餐點精緻，吸引許多觀光客。食色性也，粉味的加入，燈紅酒綠的聲色交易，造就北投溫泉「溫柔鄉」的稱號，同時也發展出北投特有「那卡西」走唱的表演活動。這時的北投，酒醉金迷，吳軟細腰，頓成國內外旅遊勝地。

　　1967 年 12 月 22 日，美國《時代》雜誌文中報導北投溫泉「觀光」盛況，使得北投「溫柔鄉」更揚名海外，粉味形象傷害國家名譽至鉅。1970年代禁娼政策的干涉，北投的黃金歲月遠離而去，逐漸式微，許多溫泉旅館紛紛沒落關門，甚至荒廢。歷經 20 年的沉寂，環境變遷。在北投當地居民的陳情奔走、台北市政府的推動及捷運淡水線新北投支線的開通運行，新北投以全新的風貌呈現，再度風塵。

　　北投溫泉是大屯山最早開發的溫泉區，泉源主要來自地熱谷及龍鳳谷。地熱谷泉水呈青黃色，稱為「青磺泉」，且帶有少量放射性元素鐳，

故也稱為「鐳溫泉」。青磺泉平均泉溫約 50 ～ 85 度 C，酸鹼值（pH）為 1 ～ 2，具有濃厚的硫磺味，有紓解關節筋骨的功效，也可軟化皮膚角質層，是美膚之湯。

白磺泉，源自龍鳳谷出來的溫泉為「白磺泉」，為乳白色弱鹼性泉水，有人稱之「牛奶湯」。略有硫磺味道，是引山泉水或溪水至出口處加熱而成的人工溫泉，Ph 值 4 ～ 5，水溫約 45 ～ 50 度 C，具有滋潤皮膚的功效，深受仕女們歡迎，故有「美人湯」之稱。

地熱谷

位於中山路底北投溪的上游，終年煙霧裊裊、熱流滾滾，是硫磺氣與溫泉的出口，早在日治時期，地熱谷便有「礦泉玉霧」的美譽，為台灣八勝十二景之一。泉質為青磺泉，水清澈呈酸性，故有「玉泉谷」之稱；泉溫高達攝氏 90 度，含有少量的鐳。地熱谷經年蒸氣瀰漫，又見泉水咕嚕咕嚕冒出，且具高溫，彷彿人間地獄再現，故也有「地獄谷」之名，意為「宛如地獄的山谷」。

• 地熱谷入口

• 終年煙霧裊裊的地熱谷

北投石

北投石為北投的特產，於 1905 年由日人岡本要八郎所發現的礦石，命名為「北投石」。這是全世界唯一以台灣地名命名的礦石，也是北投最獨特的寶物。將溪石送往東京化驗，北投石含有放射性元素鐳。1912年，東京大學神保小虎教授出席在聖彼得堡召開的國際礦物會議，展示北投石，並正式命名為「北投石」（Hokutolite）。而後日本政府立即宣告，禁止開採北投石，1933 年公告為「天然紀念物」，使它永為世人觀賞或研究之用。

北投石的形成有其獨特的天然條件；由地熱谷湧出高達 90 度 C 的泉水，屬酸性硫酸鉛鋇的礦物，Ph 值 1.6，含豐富的多種重金屬離子：如鋇、鉛、鐵、鈣、鐳等。當泉水順著北投溪往下流，溫度逐漸下降，不同的重金屬和溫泉中硫酸根結合，形成不同結晶，沉澱附著於溪底岩石表面，這些結晶大小形狀顏色不一。硬度約 3.5，比重 6.1。據研究，北投石年生長率為 0.08mm，即形成 1 公分厚度的北投石約需要 130 年之久，其難能可貴由此可知。目前有陳列在北投溫泉博物館供民眾參觀。

• 北投石

北投溫泉博物館

溫泉博物館由外觀視之，可為「半木式」建築，即一樓以磚及鋼筋混凝土構造為主，但二樓全為木造。一樓內部設浴池，池邊有彩繪玻璃，飾以天鵝圖案，現為複製品；二樓有寬廣的日式休息廳，外觀卻為英國鄉村別墅型態，混合了西洋與日本的特色，可謂「和洋混合風格」。半木式建築（Half timber）出現在 1910 年代的台灣，是一種源自歐洲北部的建築式樣，特別是英國、法國北部與德國北部等地。於16 世紀英國都鐸王朝（Tudor）大為流行，故也稱都鐸式建築。

博物館建築物本身就是展示重點。全館分為 13 個展區，依序展出北投發展史、北投社（凱達格蘭時期）、柱廊（建築精神）、望樓（溫泉浴池的由來）、榻榻米大廳（為昔日觀賞藝妓、那卡西表演場所，現為研習活動場所）、東側露台（可眺望綠地和北投溪）、北投石、北投溫泉（北投溫泉的發展歷史）、玉川溫泉、大浴池（仿效羅馬大浴池風格）、溫泉沐浴用器具、溫泉沐浴禮節，還有公共浴場的保留與再利用等展區。

$\dfrac{1}{2}$

1. 日治時期原溫泉博物館內的大浴池
2. 溫泉博物館

1	2
	3

1. 台北市立圖書館北投分館
2. 梅庭一景
3. 梅庭庭園

台北市立圖書館北投分館

2006 年於北投溫泉親水公園內啟用,這棟建築以木質建構,具有暖和溫馨感覺,也頗有環保綠建築概念。有別於一般圖書館之刻版映象,且其旁有一開滿睡蓮的池塘,詩情畫意,相得益彰,而北投溪蜿蜒而過,潺潺流水聲與鳥叫蟬鳴聲交織,書香、溫泉香、建築物的木頭香交集,在此休憩、閱讀,宛如人間仙境。

梅庭

梅庭建於 1930 年代末,為一傳統日式木構建築。地面為石砌台基、魚鱗牆板、黑瓦及木格窗殮櫺。曾是人稱「一代草聖」于右任的休憩行館,院落不大,襯托北投溪谷畔的參天古木,整體氛圍綠意宜人。除常設展出于右任的詩文墨寶外,亦設置遊客中心,邀請在地藝文團隊參與節慶演出。

小鎮漫步 MAP

北投公民會館
中山路
地熱谷
春天酒店
水都飯店
凱達格蘭文化館
北投公園露天溫泉
捷運新北投站
北投溫泉博物館
梅庭
北投溪
七星街
中山路
京都飯店
新北投舊火車站
台北市立圖書館北投分館
七星公園
北投公園
瀧乃湯溫泉
百樂匯飯店
北投普濟寺
天狗庵遺址
加賀屋溫泉飯店
溫泉路
溫泉路

① ② ③ ④
⑤ ⑥ ⑨
⑦ ⑧

1.仿新北投舊車站 2.地熱谷 3.新北投處處可見的泡湯浴室。圖為湯元橋前 4.溫泉博物館內展示品 5.溫泉博物館內展示的浴池 6.北投公園內古橋 7.台北市立圖書館北投分館為一座綠建築 8.北投溪瀧潤 9.梅庭

BONUS
延伸遊覽

北投溫泉文化產業，巴斯乎？湯布院乎？

古代羅馬人喜歡泡澡，各地都建有澡堂，提供大家談論政治、文藝。即使在其殖民地不列顛，也在巴斯（Bath）建造浴場。羅馬人愛好乾淨，每天有泡澡習慣。18世紀時，巴斯再度復甦。1702年，安妮公主即位，為了治療不孕症，前往巴斯度假，順便泡澡。然當時巴斯正處於沒落之際，下水道淤塞不通。容易積水，對於觀光發展極為不利。

當時巴斯的一賭場副手奈許，利用傳統文化特色，為巴斯開創第二春。他一就任後，這沒落的小鎮在短短幾年就成為英國知名的休閒都市。他為了吸引更多的觀光客源，整修聯外道路，並在途中設立客棧，讓旅客有充分的休息，同時提供高速馬車，縮短倫敦至巴斯的行程到30個小時。觀光客一多，大眾澡堂和舞廳生意也日漸興隆。

日本九州的湯布院溫泉也是一個溫泉造鎮名例，處處有古樸老式旅館，即使現代洋房也獨

特別致，形成一種優雅且頗具歐化風格的休閒區。春天可以賞櫻看油菜花；夏季品菖蒲與螢火蟲；秋季可賞楓泡湯，那是日本女性心中的最愛。漫步其間既可享受自然美景，也好像置身於充滿文化藝術風情的歐洲都市。

金麟湖由溫泉匯聚而成，光潔如鏡的湖面，陣陣雪白輕煙裊裊，隨風飄曳，彷彿仙女裙襬凌空迴旋，浪漫至極。這種情境是否像極北投的地熱谷？

湯布院民藝村搜羅九州各地江戶、明治、大正時期的倉庫、酒窖與農舍等建築，經重修後分別成為藍染工坊、玻璃工坊、味工坊、手抄和紙等工藝教室，每間教室都有專人現場示範傳統技藝，有興趣的旅客也可下場親手體驗。

回首往事，北投的溫泉文化產業，其發展情況與英國巴斯有點類似，以既有本身有利的條件，欲發展獨特的北投溫泉文化創意產業，似乎日本湯布院的溫泉文化可為借鏡。

手藝小鎮

• 丸莊醬油釀造場

手藝
小鎮

• 電視連續劇拍攝
  的場景「東里家
  風」

漫步苗栗苑裡
經典小鎮人氣第一

• • •

≫見鎮歷史

　　苑裡原本有個非常美麗的名字「灣麗」，
由世代居住在此的平埔族道卡斯人「喔灣麗
社」而來。漢人於明鄭時期進入墾殖，取「灣
麗」之音譯為「苑裡」，也有人稱謂「房里」。
有大安溪、苑裡溪、房裡溪等河川灌溉，農業
環境得天獨厚，以「山水米」馳名，素有「苗
栗穀倉」的美譽。

　　清乾隆年間，苑裡與福州、泉州、廈門
等港口舟航往來頻繁，輸出米、糖、麻、菁等
原料，輸入布帛、雜貨等。但自日本統領台
灣，限制中國船隻只能出入基隆、高雄、花蓮

1
—
2

1. 藺子店內展示的藺草
   帽與其他作品
2. 房裡古城一隅

1. 藺草文化館內展
   示的超大頂草帽
2. 日治時期編帽情
   形

三大港口，苑裡的商業活動隨之奄奄一息，直至藺草帽蓆業興盛才再度活躍起來。

苑裡位處苗栗西南，依山傍海，大安溪沖積扇平原的風土條件，孕育出這座台灣藺草編織故鄉和苗栗穀倉。然而，苑裡最特別之處，其實是過往被忽略的文化風景。苑裡早期藺草產業興盛而帶動文教發展，留下許多文化瑰寶，如有形文化資產的日治山腳公學校宿舍建築群、百年老市場、天下路老街；無形文資則有藺草編織與第一代留日音樂家郭芝苑所創作的台灣民族音樂。

≫見鎮魅力

交通部觀光局定調 2019 年為「小鎮漫遊年」，並舉辦「十大經典小鎮票選」，票選結果爆出冷門，由苗栗縣小鎮苑裡勇奪第一，擠下人氣小鎮瑞芳與坪林。苑裡鎮究竟何方神聖，又有何特別魅力呢？

藺編帽蓆

一般人習稱「大甲草蓆」，因為藺草昔稱「大甲藺」，大甲曾是藺編帽蓆集散中心，而苑裡則是生產重鎮。清朝時，苑裡平埔族即有採用野生藺草編織草蓆的技藝，一般稱之為「番仔蓆」，由於品質精良，漢人加以仿效改良並栽植藺草，品質大幅提升，極受駐台清廷官吏之喜愛，當時詩人范道瞻曾作詩稱讚：

> 台灣草蓆輕且柔，五月坐臥拂清秋；
>
> 悠然午睡不待枕，屈肱坦腹輕王侯

早年平埔族婦女，常採擷大安溪河床溼地的野生三角藺草莖，曬乾後編織床蓆，經漢人推廣之後，竟成當地特產。藺草屬莎草科宿根草本植物，莖成三角形狀，氣孔內部細胞間腔比一般鹹草類植物還要來的大，並呈半開狀態，所以吸水量是鹹草的 2 ～ 3 倍，有吸溼脫臭的特性。藺草纖維具有柔軟、韌性強、不易斷的特性，所以成為編織的上等材料。

　　日治時期，藺編帽蓆在日本人鼓勵下產業蓬勃發展，天下路遂躍升為手工藝重鎮，全盛時期有 100 多家店面，產品更經由大甲轉銷各地，「大甲藺」名聲大噪，殊不知產地竟在苑裡。

　　藺編帽蓆從 1960、70 年代的內銷黃金期一路走來，變成極需扶植的珍稀產業，他們抱持著使命感繼續投入，若有在地年輕人願返鄉投入這行更是求之不得，只希望這門深具在地特色的傳統技藝，能行之久遠永續不斷。

在 地 體 驗 的 故 事

裡山塾

　　「裡山塾」這個名字，與聯合國與林務局近來提倡的「里山倡議」有關。觀樹教育基金會取苑裡的「裡」字，希望「裡山塾」可以述說「在苑裡的淺山丘陵環境中，挖掘里山智慧，學習人與環境和諧共存」的種種故事。以「里山生活」及「食在很重要」兩個議題做為環境教育發展主軸。設置有機稻作示範田，作為環境教育與推廣稻米文化的地方，在真正的走下田後，土壤軟到讓人有隨時要陷下去的感覺，此時在田中走路要慢慢來，一步一腳印，千萬不能急。首先是拔除雜草，技巧是將手緊握草的根部，

• 推廣里山理念的裡山塾教室

• 蕉埔里山聚落的稻田種植情形

然後輕輕連根拔起，然後才收割稻米。現以推動「蕉埔里山聚落食與農」行動計畫為主的「工作站」型態，設計有半日含／不含餐的體驗活動方案，希望讓僅有半天時光的裡山塾之友，也有機會透過比較輕度、輕鬆的體驗，入門探索里山生活的智慧，歡迎一起玩體驗、學食農、造里山。

文資
DNA

蔡家古厝

房裡古城內的蔡家古厝「蔡泉盛號」於 2002 年 9 月公告為歷史建築，並於 2006 年 10 月公告列為縣定古蹟。來台第一代泉州人蔡春於乾隆末年遷移台灣，落腳房裡，以經營雜貨與花生搾油業發跡。蔡家古厝約建於 1820（清嘉慶末）年，至今將近 200 年歷史。古厝由中國請來匠師建造，樑柱採用福州杉木，鋪地石材也從唐山引進，美侖美奐，富有中國南方傳統藝術之美。可惜目前只剩下正廳與兩側廂房，其他房舍都已拆除改建。

山腳國小日治時期宿舍群

山腳國小位於苑裡的山腳里，山腳里因聚落位於後壁山下而得名。此地原屬漢、原雜處地區，1842（清道光 22）年時，本地平埔族部落稱「日北社」，漢人聚落則稱「日北山腳庄」。山腳國小的日治時期宿舍群是提供老師或官員住宿宿舍，建築為木構造，每棟均為雙拼格局，地板挑高，並設置通氣窗保持通風。但因閒置多年，結構老舊殘破，一度面臨拆除命運，但經地方人士的奔走下，最終決定保存並修復這群具歷史意義與文化價值的宿舍。

1	2	1. 蔡家古厝	3. 山腳國小日治時期宿舍群
3	4	2. 蔡家古厝廳堂	4. 山腳國小日治時期木造宿舍群

藺草文化館

苑裡鎮農會為
傳承地方特產，
特別設立了藺草
文化館，以藺草
生態與編織為主

• 藺草文化館作品展示

題，具體而微呈現了藺草編織的歷史與
技藝，還設有藺草編織 DIY 教室讓遊客
親自動手，體驗編織的樂趣。藺草文化
館是由早期美援穀倉改建而成，館內有
苑裡農耕、民俗與藺草文化的介紹。尤
其是藺草的專業解說可引導訪客由藺草
自育苗到成品相當複雜的過程，發現每
一步驟都充滿先民的智慧，尤其是編織
過程、使用器材，更是由藺草衍生而出
的珍貴文化。

房裡古城

• 房裏古城

房裡古城距離苑
裡市區步行約 15
分鐘，是通往大甲
的交通要衝，市街
興起原因與漳泉相鬥有關。房裡街初成
時期，經濟發展甚至勝過苑裡街市，鹽
館與染布業發達，並建有土石城牆加以
捍衛，無奈火災毀損已不復舊貌。

房裡溪義渡碑

「義渡」是早年交通未發達，以小舟
或竹筏載運過客渡過河川的交通設施。
又分為官渡與民
渡，房裡溪義渡屬
官渡，境內原房裡
溪岸邊豎有一「房
里溪官義渡」碑，
右款刻有：「道光丁

• 順天宮與「房里溪
官義渡」碑

酉年（註：1837 年，道光 17 年）起建設
義渡，由官給發工食，往來行人隨到隨
渡，不准需索分文，如違鳴官嚴辦。」
後來因恐被洪水沖毀，義渡碑遷至被稱
為「城內媽祖」的順天宮的廟前大榕樹
下，並建亭保護。

天下路老街

天下路老街的
範圍，從苑裡火車
• 天下路老街

站前的第一個路口到保安宮旁的世界路
止，全長 300 多公尺。兩側林立的樓房
建築，以紅磚為主要建材的亭簷廊柱，
沒有太多的裝飾，刷白的石灰也已遮掩
不住斑駁的牆齡，如今車馬喧囂不再，
只能從大紅的門聯字樣去推敲遙想了。

天下路從日治時期就是苑裡最繁華
的街道與政經中心。正當草蓆內外銷全
盛時期，這裡曾有多家帽蓆商行競相開
設，街道處處散溢著藺草幽香。苑芳齋
佛具店與振發帽蓆行是天下路老街唯二
的兩家老店。苑芳齋於日治時期開業，
原先自製禮餅、花生飴等食品，目前已
轉型為佛具店。

金良興觀光磚廠

121

130

外山腳

德行路

❷❸ 山腳國小
日治時期宿舍群
❶

130

舊社

山腳

山腳公園

苗43

● 蔡氏濟陽堂

3

社社二路

❹❺ 蘭草文化館

溝灣路

彩繪稻田景觀台

德行路　日北路

121

社社二路

● 苑裡櫻花林步道

苗43

MAP
小鎮漫步

山腳地圖

● 山腳國小日治
後期的宿舍群

1. 日式宿舍群的吉祥物　2、3. 山腳國小日治後期的宿舍群　4. 蘭草文化館　5. 蘭草文化館展品

61

苗40

❶

振發帽蓆行

❹
臨海路

苑裡車站

❺

天下路（苑裡老街）

建國路

130

忠信路
中山路
大同路
信義路
新興路
和平路

苑樟溪

博愛路

130

順天宮　蔡家古厝

房裡溪義渡碑

大興路

房裡古城

↘ 往外山腳、舊社、山腳

苑裡地圖

● 蘭子店內展示
的蘭草作品

1. 房裏古城一隅　2. 蔡家古厝大門　3. 義渡碑　4. 蘭子店內教導編織蘭草的婆婆　5. 天下路老街

手藝
小鎮

• 西螺大橋

漫步雲林西螺
滿鎮豆油香

• • •

≫見鎮歷史

　　西螺鎮最早的居民是平埔族巴布薩族，Sailei 部落活動地區，稱這地區為「Sorean」，後來的漳州移民才音譯為「西螺」。古時又稱「螺陽」，這是早期開拓者來台後，以故鄉福建惠安螺陽鎮為名。荷據時期，鼓勵漢人移民開墾，漢人才漸漸增多。西螺由於是濁水溪的河床沖積平原，土壤肥沃，又有豐沛的濁水溪溪水引為灌溉，所以吸引許多移民前來，發展迅速。

　　清初時，民生昌榮，人文薈萃，為嘉義與彰化之間，先人在台灣的墾殖重鎮，

•《彰化縣誌》彰化山川全圖內
　之西螺保方位

• 虎尾溪鐵橋

至今留下許多拓荒時期的史實和珍貴古蹟。1701（清康熙40）年，廖朝孔等親族從漳州詔安，冒著清政府的禁令，來到今天的二崙地區開墾，而後族人分別定居在西螺、二崙、崙背一帶，劃分成七個聚落，稱為「七坎」。他們秉持祖先遺訓，文武兼備，負起保衛鄉土的責任，守望相助，素負盛名的「西螺七坎」便是由此而來。

>>見鎮魅力

西螺醬油

西螺醬油歷史悠久，早從清末已有許多店家自行釀造醬油，至日治時期，西螺已成為台灣醬油主要產地。釀製醬油需要的麴菌以 25 ～ 30℃ 最易培麴，西螺地處北迴歸線附近，氣溫適中，又不潮溼，相當適合麴菌生長。西螺醬油之所以出名，西螺不產大豆，但和西螺水質有關，西螺當地水質鐵質含量低，適合製作醬油，所以製出來的醬油風味尤佳。

西螺醬油的三大名牌，即丸莊、瑞春及大同，其中以丸莊的知名度最高，當地人卻較喜歡瑞春的醬油。這三家醬油公司都強調古法釀製，標榜不添加防腐劑、色素，屬純釀造醬油。

60 年代以後，一些醬油大廠擴大經營，小廠無法繼續經營，西螺以外的工廠紛紛關閉。然而在西螺地區仍有一些老醬油店，仍堅持傳統方法釀造，在逆勢中依賴自己獨門秘方，在大廠之外打開一條自己的道路。西螺醬油工業的歷史，如同堅持傳統製法、陳年的努力一樣，隨著醬油缸底的滋味，越陳越香。

純釀造方式就是以豆、麥（黃豆、黑豆、小麥）原料和麴菌經過較長

• 丸莊醬油內釀造醬油的老甕

時間的發酵，將蛋白質分解成胺基酸，不加任何化學物質調味處理，天然熟成。這是誠懇老實製造醬油的方法，流程繁複，自然費時費工，成本也較高。

西螺油蔥粿、黃記九層粿

由福興宮轉建興路往西螺大橋途中，可發現兩家攤位，門庭若市、座無虛席，原來是西螺名店，西螺油蔥粿和黃記九層粿。這兩家粿店比鄰而居，賣的都是西螺米所製成的米粿，但手法不一、口味不同，各擅勝場。西螺油蔥粿，50多年歷史，特製的油蔥清香撲鼻，讓人口齒留香；九層粿是用手工疊上九層，最中間一層還要加上西螺醬油提味，蒸好冷卻，口味層次分明，吃起來彈性十足，醬油膏、蒜蓉、油蔥的融合，風味別具。

• 西螺油蔥粿

延平老街

　　古色古香的延平老街上，現存著 140 多間的早期指標性歷史街屋建築，這些二、三層洋樓立面外觀，設計典雅，表現出濃厚的仿裝飾派風格（Art Deco），有著世紀時代感及地方情趣的特殊建築風格，由傳統邁入現代的過渡型式，作為最佳的見見證。而且老街上的福興宮祀奉太平媽，更是西螺民眾的信仰中心。

東市場文創市集

　　東市場是延平老街東邊的端點，位於濁水溪畔，聚沙成點而形成市集。最早的市場建築，分為全棟臨街一條龍的店屋和後棟竹管厝、商店與菜、肉攤區。1965 年後棟竹管厝與攤位改建成鋼筋水泥建築，前後棟西邊原有的飲食攤位，因年久失修亦已拆除。2009 年轉型為文創市集，有漾竹坊、湧林木工坊、馬哈的箱子、手工皂、空谷幽蘭、世金藤飾家具等。

福興宮

　　位在延平路 180 號的福興宮，俗稱「舊街媽祖宮」，是 1717（清康熙 56）年福建湧泉寺僧人明海，由湄洲供奉媽祖神像來台，於 1723（雍正元）年建廟於西螺。1770（乾隆 35）年遷建於大街現址。戰後 1961 年再度重修，成就今天的廟貌。

　　西螺媽祖靈驗異常，舉凡出行、航海、病痛、嫁娶、安產及所有的吉凶禍福，莫不護佑，香火日盛，信徒逐漸遍及彰化以南、笨港以東、諸羅以北、水沙連之西。因有求必應、有祈必安，故鄉人尊稱為「太平媽」。

| | 2 | 4 | 1. 延平老街 | 3. 換裝後的東市場商店市集 | 5. 福興宮正殿 |
| 1 | 3 | 5 | 2. 東市場文創商店 | 4. 西螺福興宮 | |

西螺大橋

西螺大橋於 1953 完工開通，橫跨濁水溪，北接彰化縣溪州鄉，南連雲林縣西螺鎮，全長共 1939.03 公尺，橋面寬 7.3 公尺。當時為僅次於美國舊金山的金門大橋，號稱「遠東第一大橋」。名列 2001 年文建會歷史建築百景票選第 8 名。

西螺大橋全長約 2 公里，分 31 孔，步行約 30 分鐘。除墩座是日治時代的遺物，其餘部分為新建。日治時期築好橋墩後，奈因太平洋戰局轉繁，把原本運到的鐵骨材料送往海南島作為軍事工程之用。戰後橋樑依舊未完成，直到美援鋼鐵到位才完工。當 2000 年再度被提議拆除時，立於文化資產保存觀點，雲林縣與彰化縣政府於 2004 年共同將西螺大橋列為歷史建築。

• 西螺大橋

振文書院

雲林縣境內，清朝時代，人文薈萃，文風鼎盛。一度設有振文、龍門、奎文、修文等四所號稱「雲林四大書院」，也出現了不少秀才、舉人和進士。如今，隨著時代變遷，書院都

• 振文書院

已不存，振文書院便成為雲林縣碩果僅存的一座書院。

1812（清嘉慶 17）年，主事者廖澄河等倡議，經地方仕紳捐助，於隔年完工成立「振文書院」，有「振揚文教，扶植綱常」之意。講堂（正殿）奉祀五文昌。1985 年，經內政部核定為古蹟；1989 年，將謝恩堂改建為山川門，書院建築更趨古樸典雅，成為西螺最珍貴的古蹟建築。

延平老街文化館

由螺陽文教基金會所經營的延平老街文化館，成立於 2002 年，位於老街的捷發乾記茶莊歷史建築。文化館是西螺文化振興運動的所在，積極整合公私部門，讓地方豐沛的文化資源有效運行，訴求營造藝術文創的老街。致力於文化資產保存工作。

• 延平老街文化館

在 地 創 生 的 故 事

丸莊醬油

　　進入丸莊，就會被它豐富多樣的醬油文化之旅所吸引。首先你會穿過長廊來到投影室，在 8 分鐘的影片介紹中，丸莊不但介紹自己的歷史，也說明了醬油的製作過程。影片結束後，你可參觀文物置放室，在這裡有各式傳統釀造醬油的器具，老祖宗的智慧在器具的巧思中，展露無遺。走入更深底處，一甕甕大醬油缸擺放在庭院外，這便是丸莊醬油的釀缸處。

　　第四代莊偉中，肩挑家族企業的行銷策略及新市場開發工作。他認為「本土醬油品牌只有丸莊超過百年，品質與歷史是丸莊最珍貴的資產，從這裡切入，我認為機會很大。而且不往前走，很快就會被超前，持續不斷製造話題，重新打造丸莊老而不舊的品牌形象，提高辨識度是當務之急。」「要用新時代的方式與客戶溝通，讓更多人認識到什麼才是醬油真正的好味道。」

　　他更創下台博館特展，與大甲鎮瀾宮連名販售媽祖平安緣醬油、偶像劇〈天下第一味〉等置入行銷，為業界前所未見的成功案例，同時也請設計師陳俊良重新設計品牌 Logo，並將其獲得 Red Dot 最佳設計的經典作品〈天圓地方〉做為丸莊的百年紀念商品。

•丸莊醬油內展示

↑ 往西螺大橋

145

東南路

● 振文書院字紙亭

丸莊醬油觀光工廠

黃記九層粿

西螺蕭家油蔥粿

● 東市場文創市集

西螺老街文化館

● 陳源和醬油

延平老街   ● 醬缸

● 福興宮

仁和街

大同路

瑞春醬油

延平路（延平老街）

中山路

文昌路

建興路

福興路

公正路

新街路

中山路

中正路

中正路

往振文書院

↓

光復西路

● 廣福宮

1. 東市場 2. 西螺福興宮 3. 延平老街 4. 老街上的仿巴洛克式建築 5. 黃記九層粿 6. 塗裝大紅色的西螺大橋 7. 延平老街文化館 8. 丸莊醬油釀造場 9. 老街上的丸莊醬油店舖

魅力漁港小鎮

漫步宜蘭南方澳，探初醒的海洋

漫步彰化王功，漁火踏浪食蚵

漫步台東成功，他鄉是故鄉

漫步花蓮豐濱，驚艷會飛的魚

• 南方澳漁港

魅力漁港
小鎮

• 南方澳漁港萬船齊發的
壯觀場景

漫步宜蘭南方澳
探初醒的海洋

• • •

≫見鎮歷史

　　南方澳本是浮出沿岸的小島嶼，經由沙洲與對岸的島嶼連成「陸連島」，而形成天然屏障。每當夏天刮起西南風，船隻便進港停泊休息，故稱「南風澳」，日治時期才改名為「南方澳」。

　　1812（清嘉慶 17）年，清廷設噶瑪蘭廳時，蘇澳及南方澳一帶尚為平埔族猴猴社居地，以漁獵維生。吳沙開蘭時，漢人移民始遷入蘇澳及北方澳，而平埔族則逐漸遷至南方澳定居。日治時期，1923～1924年間，殖民政府擴建蘇澳港灣與修建南方澳漁港，成為全台第三大港，僅次於基隆與高雄港，並於 1934 年開始移入日籍漁民，宜蘭漁業自此進入全盛時期。

• 南方澳漁港全景

漁業全盛時期，從媽祖廟到南方澳大戲院，短短 100 公尺的港市是最繁榮的黃金地段，冰果室、撞球間、茶室林立。尤其在每年夏天飛魚季期間，南北二路的江湖郎中、打拳賣膏藥、成衣百貨、露天歌舞秀，萃集於此，堪稱全宜蘭最熱鬧的市集。

　　南方澳短短的百年歷史，曾在此生活的族群不知凡幾，猴猴社、泰雅族、琉球人、日本人、朝鮮人與來自台灣各地的福佬人、客家人，隨國民黨過來的中國老兵，以及最近東南亞來的移工與配偶等。南方澳堪稱來自東南西北、四面八方，各有特色。

≫見鎮魅力

● 日治時期南方澳漁港圖

　　這個位處宜蘭蘇澳鎮東南隅海濱的南方澳漁港，它可是台灣三大漁港之一。由於黑潮流經東海岸，所帶來的湧升流和中國沿岸流匯集，讓台灣東部水域經年有許多表層洄游性魚類，如鯖、鰹等中型魚類與大型旗、鮪、鯊等魚類，各依不同的季節聚集，其中鯖魚尤多，總產量幾佔全台灣的 90％以上，所以南方澳又有「鯖魚的故鄉」之稱。

　　波浪間，閃耀著旗魚、鰹魚，魚鱗銀燦亮輝，魚兒成群，甚而在海面上跳躍著……因為黑潮的流入，從龜山島到花蓮，是日本旗魚來源的重要寶庫……南方澳附近真是極有福運的海域。

　　早期日本人以南方澳漁港為基地，開發洄游魚類的漁場，待日籍漁民分別從長崎、大分、高知及愛媛等地移入後，陸續完成儲油槽、給水設備及冷凍製冰等硬體設施。南方澳漁港因此發展成一個具備造船、修理、冷凍、加工、給水、卸載等相關設施的完善港口。

　　南方澳共有三個漁港，第一漁港，即日治以來的南方澳漁港，停放鏢魚船、延繩釣等中小型漁船。岸邊的漁港路，海鮮餐廳、魚罐頭特產店林立，是港區最熱鬧的地方，也就是早期被稱為「漁民底」的鬧區。位於

• 停泊南方澳漁港的漁船

漁港路端點的漁會樓下是第一魚市場，這是有名的「鯊、旗魚處理場」。
除了週日公休外，每天上午9點開始鯊魚拍賣，一條條比人還長的鯊魚堆
滿市場。冬天的下午2～3時，鏢魚船也會將所鏢獲的旗魚在此拍賣。

　　第二漁港是1955年興建的「內埤漁港」，緊偎山腳下。第二魚市場就
是「蘇澳區漁會南寧生鮮魚獲拍賣場」，位於內埤路，主要拍賣的是小型
拖船及刺網捕獲的魚獲及其他雜魚，隨著季節變化，種類之多，不勝枚
舉。下午3點進行拍賣，買家不限資格，遊客也可跟著喊價。

　　第三漁港原是1965年興建的小型商港，後來成為日式圍網漁船及遠
洋漁船的停泊港，設有第三魚市場，即「大型圍網漁獲拍賣場」，也就是
大家所謂的冷凍魚拍賣場，由於漁獲量相當大，買家多將鯖魚、鯊魚大量
買來製成罐頭或外銷加工食品。

　　如今，港內依然擠滿密密麻麻的船隻與各式販售漁船用品的漁行、
漁具行、修理廠等相關行業，更有全國最大的近海漁船造船基地。自清晨
開始，各型漁船依不同作業時間準備出海、返港拍賣魚貨，漁港始終充滿
人氣。即使現在已充斥外籍移工及大陸漁工，南方澳漁港仍充滿著各式各
樣的人群與漁船的生活情調，在全國各漁港中可說是獨樹一格。

南天宮

1950 年，鄉紳簡阿祥發起籌建南天宮媽祖廟，作為地方靖安精神寄託。原意要到北港朝天宮分火，後來決定自行向天庭請神，並利用南方澳附近山上的大樟木雕刻媽祖神像。1958 年全廟落成，主體建築採南方宮殿造型，廟宇金碧輝煌、光彩

• 南天宮

• 南天宮大型媽祖神像

奪目，極為宏偉壯觀。1986 年，又在廟埕豎起一座媽祖燈塔，兼具導航及地標用途。

1989 年，南天宮突破「兩岸直航」國安法的禁忌，十數艘南方澳籍漁船，帶著 5 尊「偷渡」來台的湄洲媽祖神像，無視政府禁令「回歸」福建祖廟進香。由於涉及敏感政治話題，當年此事鬧得沸沸揚揚，人人皆知，成為當時最大的政治新聞，大大地打響南天宮的知名度。

隔年，創意滿點的廟方人士乘勝追擊，請來 20 多名金工匠師，打造一尊號稱全世界最大的金身媽祖神像。媽祖的金身的的確確是一塊整整 203.8 公

斤重的 999 純金，漁民的經濟實力不容小覷。也如預期，安座後吸引更多人來南天宮拜媽祖，或是拜「金」人潮。後來廟方再出奇招，以一塊採自加拿大重達 20 公噸的玉石，雕刻成一尊「玉媽祖」。

珊瑚法界博物館

南方澳的珊瑚業曾名震一時，台灣所產的珊瑚原料，質地細緻，色澤豐富。在產量上，更是高居全球之冠，而南方澳正是最主要的集散地。1970 年代，南方澳的採珊瑚船高達 400 多艘，後因過度採伐而逐漸沒落。在南安路上的珊瑚法界博物館，展示許多精美的珊瑚成品及採珊瑚漁具，作為南方澳珊瑚文化的見證。

內埤海岸風景區

順著第二漁港的外側，有一幅超廣角的美麗圖畫在眼前展開，畫框裡裝裱的是與天一色的碧海藍天，以及綿延遼闊的沙灘，此即內埤海岸風景區。有幾個退休漁人，在此留下了不少以各種魚類為主題的石頭鑲嵌創作；由於出自一群素人藝術家，卻又是絕對專業的討海人手筆，這些石頭魚雖然造型樸拙，但對魚類特徵的講究，卻絲毫不含糊。

內埤海灘呈弧形，地形分為海蝕與海積兩種。海蝕地形包括海岬、海底岩

• 南方澳跨海大橋，已成歷史回憶

礁、海蝕崖等；海積地形則以細沙石礫混積而成的海灘。內埤海灘背山面海，是欣賞旭日東昇、弄潮聽濤的景點，又是夏日戲水浮潛的絕佳去處。

南方澳大橋

從第三漁港爬坡上南方澳大橋，在橋上的制高點俯瞰，左邊是規劃整齊、景致單調的蘇澳港，右手邊則是充滿浮世情調的南方澳漁港。南方澳的跨海大橋於 1998 年落成通車，採雙叉式單拱設計，橋的兩側設有景觀步道，與附近的南天宮、豆腐岬風景區相連，串成景點。令人惋惜的是，2019 年 10 月 1 日，連接豆腐岬的漁港景觀大橋驚傳倒塌，南方澳舊大橋成為追憶。

豆腐岬風景區

豆腐岬風景區以「沙頸岬」地形聞名，此處山清水靈，頗具有不食人間煙火的幽邈美景。在地人稱為「豆腐角」，據說這是海岬的礁岩長期受海水侵蝕，被切割成方整的塊狀，神似豆腐而得名。更以觀賞「豆腐岬日出」打出知名度，與鄰近的菜刀嶺常是釣客雲集、觀光客俯瞰海岸風光的洞天府地。其水天一色、旭日東昇、霞光波影、夕陽餘暉、漁帆歸航，構成一幅幅綺麗美景。

• 蘇澳冷泉

蘇澳車站

砲台山風景區

⑨

蘇澳港

蘇南公路

• 南天宮屋頂
  及群龍剪黏
  裝飾，非常
  壯觀

南方澳大橋

跨港路
第三漁港

• 南方澳討海文化館

南方澳遊客中心

進安宮

珊瑚法界博物館　南天宮

南安路
漁港路
第一漁港　　南寧路

民生路
力行街

第二漁港

• 豆腐岬

遊船路

南方澳
觀光魚市場

北濱公園　　• 賊仔澳玻璃海灘

• 宜蘭情人灣

• 內埤海岸風景區/內埤海水浴場
  內埤海灘

❶

❷　　❸

❹　　❺

1. 萬船齊發的壯觀景象　2. 曬魚乾是漁港日常風景／莊文松提供　3. 南方澳的獨立書店春陽號／莊文松提供　4. 南方澳跨海大橋，旁有景觀步道，可眺望漁港風景，大橋在 2019 年 10 月坍塌　5. 南方澳漁港

延伸亮點

蘇澳冷泉

　　位於蘇澳鎮內，冷泉的源頭湧自變質砂岩及黑色片岩地層，湧出時伴隨許多二氧化碳汽泡冒出，如汽水一般。泉質清澈透明，可浴可飲，約 22℃，pH 為 5.5，為台灣唯一的碳酸氫鈣鈉泉。

• 蘇澳冷泉入口

魅力漁港
小鎮

漫步彰化王功
漁火踏浪食蚵

• • •

≫見鎮歷史

　　「王功漁火」是彰化縣八景之一，自昔有名。王功海岸沿途波光瀲灩，蚵田夕照，晚風吹拂，讓人陶醉。王功港灣先是漁民捕魚、結寮暫避風雨、休息，甚至定居下來。約 1660 年間就有漢人移墾，後來逐漸形成熱鬧街市，更有「鹿港有名，毋值王宮三成」的俗諺流傳，這當然不外是吹虛之辭，但也說明王功曾有過的繁榮歲月。

　　原是巴布薩平埔族社地所在，是一條河流的出海口，稱為「番仔挖」。1920（日大正 9）年番挖街改名「沙山」，乃因此地缺乏樹木防風，草木入冬後就枯死，細沙隨風起舞，飛沙走石形成小山

• 漁港碼頭

丘，山丘又會隨風移動，使旱田變成不毛之地，呈現荒涼之象，故稱「風頭水尾」的貧瘠之地，也就是俗語所說的「鹹水潑面、有食無剩」，意為討海人入海捕魚，強勁的風帶著海水潑在臉上，所賺的錢僅能糊口而已，別想有餘錢可存。直到日治時期，推動防沙造林工作，才改善此風頭水尾之地。

　　彰化縣芳苑鄉的王功地區，據說境內有座「王爺宮」，奉祀池王爺。傳說當年海盜王蔡牽到王爺宮搶劫，就是被黑面的池王爺神力困在海上，動彈不得，後來蔡牽跪拜王爺並立誓以後絕不到王功行搶，才解除被困的危機。

>>見鎮魅力

王功漁港

　　王功漁港是彰化縣唯一的漁港，位於王功海埔新生地的西南角，緊臨後港溪出海口。1836（清道光16）年，〈彰化縣志〉記載：「彰化港口，以鹿港為正口，然沙汕時常淤塞，深則大船可入，淺惟小船得到。如王宮、番仔挖，遷徙無常。」可見王功港口遷徙多變。由於海岸線多為平直沙岸，積沙多，港小水淺，潮差又大，無法停泊大型漁船，只能發展以小型漁船為主的沿岸漁業。

　　王功地區水溫不會太高，鹽分適中，且水質良好，最適合蚵仔生長。王功蚵仔有「七耳蚵」的說法，據說是因為王功蚵耳葉有7片，其它地方的蚵仔只有6片耳葉。每年的6、7月是盛產期，王功人則認為冬至前後的蚵仔特別有彈性，最好吃。民間相傳嘉慶君遊台灣時，品嚐到王功蚵仔後，大為讚賞。王功蚵仔體型玲瓏嬌小，飽滿時整個蚵

● 漁港市集

肚呈圓形乳白色，宛如珍珠，遂有「珍珠蚵」的美譽，且吃起來香甜有彈性，在台灣各地的消費市場深受歡迎。

　　王功的海岸地形屬於潮汐灘地，風大潮差也大，而這大片的潮間帶就成為最好的養蚵處。村民驕傲的說，王功產的蚵，產量全台灣第一。但是插蚵的漁民不但要看老天的眼色，也要看潮汐。

初一、十五日午滿，

初三、十八流，

初九、二三入海看鍋，

初十、二六甲中午肚，

十一、二六水流動，

十二好掛網。

　　這是流傳在當地人口中的潮水口訣，對養蚵人家來說，背頌口訣等於提醒自己不要耽誤「種蚵」的時間。

青蚵嫂

別人Ａ阿君仔是穿西米羅，阮Ａ阿君仔Ａ是賣青蚵

人人叫我青蚵嫂，要吃青蚵免驚無……

•除了蚵仔，烏魚子也是王功特產之一　•青蚵嫂在路旁剝蚵

台灣早期歌謠〈青蚵嫂〉一曲道盡養蚵人家的酸甜苦辣。

「男人種蚵，女人剝蚵」是王功在地人的生活寫照，在王功的街道旁，隨時可見帶著斗笠，包著頭巾的青蚵嫂操著剖刀，熟練地將外表不起眼的蚵殼剝開，將有「海中牛奶」之稱的牡蠣一一挑出；其實，很多新一代的青蚵嫂都是外籍配偶，她們的加入，為人口外移嚴重的漁村帶來一絲生氣。

在 地 體 驗 的 故 事

牛車採蚵、鐵牛車採蚵

牡蠣養殖產業從彰化、雲林、嘉義到台南、高雄、屏東沿海一帶都有，但是唯一用牛車下海到潮間帶採收蚵仔的情景，在全台灣僅存芳苑王功海岸。都市小孩可能連牛車都很難看到，更遑論坐牛車下到4、5公里外海泥灘地，去體驗牡蠣養殖產業生態特色。

這一群在淺灘採蚵的漁民，為了搶潮汐，爭取更多的工作時間，他們自行設計了特殊的機器三輪車（鐵牛車）。他們把引擎架高，只要潮水低於引擎的高度時，他們就把握第一時間下海，為了爭取所有可能的每一分鐘，一齊採蚵去。

●載蚵的鐵牛車

●載蚵的鐵牛車

生態景觀橋

跨越後港溪的生態景觀橋是王功的地標，橋樑本身利用「拱」與「折板」結合而成

• 生態景觀橋

一俐落的橋樑形式，形塑一種多變曲折的雕塑性橋體，乍看之下，

• 紅樹水筆仔成林

彷彿是大白鷺展翅高飛，因而獲得國際建築大獎：遠東建築獎。目前橋樑雖顯得老舊，但後港溪兩旁的水筆仔生長茂密，是觀察紅樹林及鳥類生態的絕佳去處。

王者之弓橋

王功的另一著名橋樑是「王者之弓」橋，位在漁港的出海口處、港區的南隅，是一座跨港的景觀橋，其造型

• 王者之弓橋

係由地名「王功」引申為「王者之弓」構思。橋長82公尺。當夕陽緩緩從「王者之弓」落下，這是王者之弓最美的一刻。

芳苑燈塔

著名的芳苑燈塔建於1983年，鋼筋混凝土構造，塔高37.4公尺，為全台灣最高的燈塔。塔身呈八角形，漆

• 芳苑燈塔

以黑白直條紋，獨樹一格的黑白直條紋外觀，吸引遊客的眼光。裝設四等光電燈，每10秒鐘明5秒暗5秒，光力為28000支燭光，相當於1000瓦亮度。

蚵畫人生

利用王功珍珠蚵的蚵殼，依其自然樣貌製作出唯妙唯肖、栩栩如生的蚵殼藝術品，讓你目不暇給，驚艷之餘，也可當場DIY，體驗蚵殼藝術，讓創意遨翔於指尖，信手來捏塑專屬獨一無二的蚵藝紀念品。

• 蚵畫人生之藝術品

MAP
小鎮漫步

王功燈塔

● 蚵畫人生的創意藝術作品

王功漁港　王功採蚵車
　　　　　摸蛤生態之旅

王者之弓橋　　生態景觀橋

漁港路

後港溪
臨海路
王功國小
育嬰巷
148
苑裡溪

61

芳漢路王功段（海鮮饕餮街）
建成路
仁愛巷
東平路

● 來到王功可體驗
　鐵牛車採蚵

● 芳苑燈塔是王功
　著名地標之一

❶
❷
❸
❹
❺

1. 王者之弓橋　2. 生態景觀橋　3. 蚵仔是王功的名產　4. 紅樹水筆仔生態景觀　5. 蚵仔美食

- BONUS

延 伸 亮 點

- -

鹿港小鎮

　　鹿港是個文風鼎盛的小鎮，保存相當豐富的文化資產。鹿港位於彰化平原西邊，原是平埔巴布薩族馬芝遴社的活動領域。往昔梅花鹿成群，社民與漢人移民從事鹿皮等貨物交易，這也是「鹿仔港」名稱的由來。1784（清乾隆49）年，開鹿港為台灣與大陸泉州外港蚶江通商，是第二個官方設立的正口。由此鹿港與泉州往來頻繁，使鹿港一度設有八個行郊。康乾年間，無論政治、軍事、經濟、文化、藝術的發展，都有空前的進步，使得鹿港一躍成為僅次於府城的重要港鎮。

　　鹿港是個可以多層面觀賞的小鎮，最好的方式是步行，穿梭在為了防止九降風而建成有如迷宮的彎曲巷弄中，總有令人驚喜的不經意發現。

● 日治時期鹿港溪舊貌／胡南提供

**魅力漁港
小鎮**

• 成功漁會大廈

漫步台東成功
他鄉是故鄉

• • •

≫見鎮歷史

　　這個山海間的新天地，阿美族人逐水源耕地而來，在歷史夾縫的西拉雅平埔族人來此尋覓新家園；布農族隨著山豬的腳步，來到海岸山脈。閩南人、客家人、恆春人、宜蘭人、綠島人，也陸續來到這裡務農、墾山、捕魚、從商。之後更有修士、修女、神父、外國人、大陳義胞、榮民伯伯、國際移工與新住民都來了。

　　成功鎮街區舊名新港，最早在此建立聚落的是阿美族的「麻荖漏社」。麻荖漏社原本是都歷社人的耕地，約在 1850 年代，因海嘯侵襲，土地受海浪侵蝕致草木枯萎而廢棄不再耕種，阿美族人稱草木枯死為

• 成功漁港

• 成功漁港

rawraw。1879（清光緒 5 年），〈台灣輿圖〉之〈後山總圖〉已有「馬老漏社」的記載。

1900（日明治 33）年，初設台東廳下轄花蓮港、璞石閣、成廣澳、巴塱衛等 4 個支廳。1920（日大正 9）年，成廣澳支廳改名為「新港支廳」，新港逐漸取代成廣澳的地位，成為東海岸的政經中心。戰後，全台有三處「新港」，遂改名「成功」，但台東在地人還是習稱新港，成功的取名是藉由「成廣澳」（蟳廣澳）的台語發音而來。

麻荖漏事件（成廣澳事件）

1911（日明治 44）年，東海岸的阿美族因不滿日方收繳火槍，因而改變生活方式，又因不滿日方長期壓榨，群起反抗日警，是台東史上最大規模的抗日事件。2008 年於原住民文物館前豎立「1911 麻荖漏事件阿美族英勇抗日紀念碑」。

新港漁港

　　台東的漁業發展，自日治時期才進入近代漁業發展的新里程碑，1910年以來，幾度調查台東附近海域資源，東海岸的豐富魚獲得自從菲律賓湧向台灣東邊海域往北汨汨而流的黑潮，皆認為富藏鰹魚（柴魚）、旗魚、鮪魚等迴游性魚類，適合大敷網（定置魚網）的架設。1924年，台東廳遂在新港設置鰹魚職工養成所。1929年修建新港（成功）漁港，自此，台東廳的漁業重心轉向成功發展，而成為東部最大的漁港。

　　成功漁港中午過後，漁市場開始有船隻進港卸下漁貨，停靠的漁船有當日往返的，也有歷經數日遠赴菲律賓捕魚的漁船，同時魚隻的大小也比附近其他漁港來得巨大，因此港區不乏爭看漁貨的人。每天下午2時準時，漁船、卡車、人群紛紛湧入，主要的魚獲包括有鬼頭刀、黃鰭鮪、破雨傘（芭蕉旗魚）、正鰹等。

鏢旗魚

　　旗魚屬於迴遊性大型魚類，蹤跡遍及世界各大洋溫暖水域，頭尖嘴尖，嘴吻上顎特別發達，像一支長矛，是旗魚的主要特徵。上額最長的劍

• 鏢旗魚船，其前端有突出的鏢台，鏢旗魚手站在其上，瞄準獵物，將鏢槍奮力一擲

• 旗魚魚頭

• 旗魚廟（萬善廟）

• 鬼頭刀，又稱飛魚虎，飛魚天敵

旗魚，俗稱「旗魚舅」適合做成魚排，以外銷美國為主；白皮旗魚，又稱立翅旗魚，是成功漁港最重要的魚種，魚體肥美，是饕客們的最愛；芭蕉旗魚，因背鰭特別大，像是被風吹壞的雨傘，漁人們叫牠「破雨傘」，是旗魚中體型最小，但族群龐大，是成功捕獲最多的旗魚。

　　成功漁市場有著獨特的鏢旗魚文化，夏天鏢黑皮旗魚，冬天鏢白皮旗魚。每年 9 月，東北季風一起，風浪漸大，6 級以上的風浪，有浪旗魚才會浮上來，這時就是成功鎮新港漁港僅存的 30 位獵魚人與海洋搏鬥的開始。鏢魚手單靠鏢台上的兩隻鞋套固定身體，全憑自身平衡控制，與萬中選一的海腳們團隊合作，才有可能一舉成功鏢得俗稱「海中獵豹」的旗魚。

旗魚廟

　　成功小鎮有一座全台獨有的旗魚廟，供奉著萬善爺及一尊旗魚神，1986 年成功居民被託夢指示協助建造廟宇。2000 年，萬善爺有感於在地漁民與旗魚的深厚感情，夢境指引漁民打造一尊長 3.6 公尺、重 80 公斤的旗魚神像以供參拜，庇佑鎮民出海平安，年年豐收。

鬼頭刀

鬼頭刀非常美麗，背脊到腹部呈現碧藍與金黃的漸層，如匯聚了海洋與陽光，夾雜的青色斑紋則足彪炳的戰功徽章。軀體是宜於破水的扁平刀狀，尾鰭分叉有如鋒利的剪刀；公魚額頭隆起煞氣稜角，母魚則相對輪廓圓潤許多。（陳韻文，2018）

鬼頭刀果然是海中的一把刀，牠快速的身影從船邊一閃而過，在深邃的波光中閃耀著青藍光芒。偶而，牠會放慢速度，甚至停在船邊，用好奇的龍銀大眼與我在不同的世界裡相互對望。那眼神肆無忌憚，高傲銳利得像把刀。（廖鴻基，1996）

鬼頭刀性喜追逐飛魚，所以漁人又叫牠為「飛魚虎」。飛魚出沒的地點，便會出現成群結隊的鬼頭刀。漁場範圍涵蓋整個台灣東部海域，漁期為 2～10 月，但以 3～5 月為生產旺季。

在 地 體 驗 的 故 事

用音樂訴說家鄉的故事

鍾慧君與在奧地利學音樂的女兒盧葦回到故鄉成功，成立蘆葦花開音樂工作室，母女分工合作一起製作音樂專輯。2012 年，盧葦的第一張專輯「卡片教堂的鐘聲」，以音樂訴說東海岸白冷會神父、修女的故串事，獲得金曲獎最佳專輯包裝獎。2014 年，以成廣澳日治時期舊名「小湊」，發行第二張「小湊戀歌」音樂專輯，用音樂訴說成功鎮的發源故事。2015 年，創作的第三張「邱月雲收」音樂專輯，由聶永真設計的專輯封面，曾入圍金曲獎。

1	2
	3

1. 三仙台風景區海景
2. 三仙台跨海步橋
3. 比西里岸（養羊的地方）的幾米作品

三仙台風景區

三仙台是百萬年前都蘭火山群爆發噴出的火山集塊岩堆積而成。原是一處岬角，因海水侵襲逐漸斷了岬角頸部而成了離岸小島。原名為比西里岸（PiSiLiAng），阿美族語，意為「養羊的地方」，同時也是部落居民從事採集海藻、海菜、螺貝及捕魚的地方。島上奇岩密布，有海蝕溝、海蝕柱、海蝕凹壁、壺穴等景觀，其中的三塊巨石，傳說八仙中的呂洞賓、李鐵拐與何仙姑曾登臨此島而得名。

三仙台以暗礁與陸地相連，每當退潮時刻，礁石露出，就可以涉水走到島上。三仙台本屬軍事管制區，1975年國防部同意開放，翌年成立「風景區」，1984年成為「風景特定區」，1987年完成8拱跨海步橋，波浪造型，宛如一條巨龍伏　海上，成為東海岸著名地標。

比西里岸部落

白守蓮（比西里岸的原先中文譯名）部落融合藝術，創造出部落的新未來。2013年，幾米團隊進駐比西里岸，將幾米的作品〈走向春天的下午〉中的小女孩彩繪在部落的11處角落，藉由尋訪11處彩繪，能讓旅人也感受到部落有趣的人事物。

DNA
文資

成廣澳文化地景

成廣澳是東海岸對外貿易最早的一座港口，而廣恆發商號與溫家古厝正是百年前拓荒頂盛時期興建的建築物。客家人溫泰坤於 1916（日大正 5）年在此興建廣恆發商號，為東海岸第一家商舖。其正面三間，立面是巴洛克式三拱牌樓，以水泥建造，有寬約 4 台尺的亭仔腳，其上為陽台。建築本體為木造二樓，留有天井。一樓正中為大廳，是溫泰坤辦公的地方，大廳南側為店面，是長子溫鼎貴開設的「恆裕行」，經營煙酒專賣、米及雜貨店，店面的南側是碾米廠及倉庫。廣恆發二樓，也是相連三間房。由於壯觀耀眼，太平洋戰爭時，常成為盟軍轟炸目標。1951 年於地震，但留下石建立面，可惜在 1996 年台 11 線（海岸公路）拓寬時，拆掉北側牌樓，僅存 2/3 的斷牆殘垣隱沒於荒煙雜草中。

廣恆發商號的對面，尚存有溫家古厝，祖厝正面也是三間相連的屋子，中間為大廳，門額上題「太原堂」。1951 年大地震，祖厝被夷為平地，只留下一面牆。廣恆發商號於 2004 年被登錄為台東縣歷史建築，2008 年獲文建會補助，整建為「成廣澳文化地景」，見證先民在東海岸的拓墾史。

• 成廣澳文化地景

富榮路

三民路　　長沙街

潘陽街

漢口街

真耶穌教會

新生路

民權路　中正路　光復路

民生路

中華路

五權路

太平路

海濱公園

成功教會
←往東河、台東市

● 三仙台的跨海拱
橋如長龍

防空警報台遺址

成功路

公民路

東榮路

新港漁市場

● 水仙宮

成功萬善廟
（旗魚廟）

成功海洋
環境教室

新港漁港

東海路

● 比西里岸（養羊的地
方）的幾米作品

❶　　　　❷　　　　❸　　　　❹

1. 成廣澳文化地景　2. 比西里岸（養羊的地方）　3. 旗魚廟（萬善廟）　4. 三仙台的三塊大石，被稱作「三仙」，即
八仙中的呂洞賓、李鐵拐及何仙姑

延伸亮點

東海岸的一串珍珠

　有這麼一群人，在 20 世紀 50 年代，跨過半個地球，千里迢迢地從富裕的瑞士抵達貧及偏僻的台灣東部海岸山脈。他們當中有的正值壯年，有的只不過是 20 歲出頭的小夥子。這群鼻子尖挺、金髮碧眼的「阿凸仔」為了信仰獻身，在風光明媚的海岸線上建立了美麗的教堂、醫院、學校、智能障礙收容中心。他們並非不想念瑞士家鄉，可是只要你有機會遇見他們，他們會異口同聲的告訴你：「台灣是世界上最美麗的地方，而台東縱谷、海岸更是台灣最漂亮的所在。」（范毅舜，天邊來的異鄉人）

　白冷會士足跡遍及整個東海岸，過去半世紀，他們在這 170 公里的海岸線上興建教堂（台東共 54 間）、聖母醫院、啟智中心，甚至小學，被譽稱為「東海岸的一串珍珠」。除了長眠於此，幾個碩果僅存的老人，當年到台灣大多是 30 左右的小夥子，今日都已成為會說流利國語、閩南語，甚至精通阿美族、布農族語的老人家了。

● 宜灣卡片教堂　　● 樟原的船形教堂　　● 都歷天主堂　　● 東河天主堂

魅力漁港
小鎮

• 石門遊憩區的海景

漫步花蓮豐濱
驚艷會飛的魚

● ● ●

>>見鎮歷史

　　海崖、海溝與海蝕平台，是豐濱鄉的海岸公路路段的主要地景，也因此形成豐濱舊時對外交通的封閉狀態，亦保留了最純樸的自然風貌。在這個被隔離的海岸地帶間，最大的聚落是位在貓公溪出海口的貓公部落。日治時代在此設庄，1946年將豐濱鄉的行政、教育、文化中心設於此，更名豐濱村。往南接港口部落；往北則是貓公部落和噶瑪蘭人的共同耕地「新社」。

• 靜浦國小內的大港口事件遺址紀念碑
  ／莊文松提供

大港口事件

　　光緒初年，清朝軍事治權進入時，奚卜蘭部落因不滿清兵治理，數次反抗。1878 年遭清兵設計，邀請部落青年飲酒和談，卻誘殺 165 名阿美族勇士，僅 5 人逃走，部落老弱婦孺四散的「大港口事件」（奇密社事件），讓秀姑巒溪河口的溪水染上了悲慘四散的滅族血淚。

>>見鎮魅力

會飛的魚（Kakahog）

　　其實 4、5 月時，飛魚就來到豐濱沿岸，成群結隊出現在黑潮北流通道上的豐濱沿海，張開翅膀般的魚翅躍出海面，令人驚艷。然而現實是，飛魚躍出海面，情非所願，實在是因後頭有鬼頭刀或水針魚追殺！（王玉萍，2016）

● 飛魚

• 石梯漁港

全世界的飛魚約 80 種，台灣就含有其中的 1/3 種。豐濱主要的是斑鰭飛魚、白鰭飛魚、黑鰭飛魚。豐濱鄉沿岸海域有珊瑚礁，上面覆蓋著大量藻類，提供飛魚豐富的食物，所以吸引飛魚前來棲息繁衍。

豐濱鄉的阿美族部落在飛魚大量來臨前，會先舉行海祭，向海神報告準備妥當，並祈求海神保佑平安大豐收。4、5 月開始捕魚，多在夜晚進行，約在下午 3 點出海，有時到凌晨 1、2 點才回來。

石梯漁港

石梯漁港位於台 11 線 64 公里處，傍依秀麗的海岸山脈，前眺遼闊蔚藍的太平洋，是往來台 11 線間最美麗的漁港。石梯漁港原在日治時期就有阿美族小竹筏在此捕捉虱目魚。1959 年開啟第一期擴建工程，經過三次擴建始有今貌。隨著公路的開發，石梯漁港躍居全國飛魚產量重要的漁港。1997 年，台灣第一艘賞鯨船「海鯨號」就在石梯漁港首航，開啟東海岸搭船賞鯨熱潮，與鯨豚邂逅於海上的生態旅遊於焉成形，提昇了台灣人對海洋生態的重視。

大石鼻山步道

位於豐濱鄉磯崎村大石鼻山步道，海拔僅 150 公尺，卻擁有 360 度的磯崎海灣全景視野。設有能輕易俯瞰蔚藍太平洋海景的

• 大石鼻山木棧步道及觀景台

木棧步道，以石階、枕木鋪設的大石鼻山步道，全長約 900 公尺，約 30 分鐘就可登頂，是非常適合全家一同出遊攬勝的景點。

本區的磯崎部落，是最完整保存撒奇萊雅族本色的部落。1878（清光緒4）年「加禮苑事件」後，原居洄瀾的撒奇萊雅族人隱身在阿美族群中南移，以避免清兵報復，直到 2004 年才正式恢復族名。

親不知子天空步道

親不知子天空步道位於豐濱鄉的親不知子斷崖峭壁上，使用 H 鋼及強化玻璃，

• 親不知子斷崖空中步道

在距離海平面約 50 公尺、幾乎垂直的峭壁上打造出 150 公尺的透明步道，2017 年 7 月正式開

放，不僅能享受站在懸崖的快感，還能觀賞無敵海景。親不知子步道原是阿美族人古道，沿著絕壁而行幾乎沒有落腳點，一失足成千古恨，茨故有「親不知子斷崖」之稱。

• 新社的海岸梯田

海岸梯田

在台 11 線海岸公路新社附近，棋盤狀梯田稻浪隨著海風搖擺，那是新社部落噶瑪蘭人的水梯田。夏天結穗，金稻浪隨海風起舞，空氣中也飄著淡淡稻香；想想，聽海唱歌的田，又不用農藥，是多麼健康的米！東管處在梯田旁的空地，設置由稻草、竹篾編織而成的公共藝術裝置，是親子聚焦的景點。

石門遊憩區：
石門班哨角（雙心石雕）

班哨角是海防廢棄班哨改建，360 度山海環抱景觀值得一遊，水色、地貌均精彩多變，海景更是一絕。石門遊憩區

• 石門遊憩區的
雙心石滬

• 石門遊憩區的
無敵海景

內有雙心石雕入口意象，構成一弧形露天舞台，旁邊的老榕經由海風長年的修剪，成為造型奇特的海削樹。

不遠處，「拙而奇」藝術咖啡旁的海灘，也有秘密景點「麻糬洞」，是電影〈沈默〉其中一幕天主教士在海邊遭受水刑的場景。洞口看起來就像一輛小 March，奇特的海蝕洞造型，吸引影迷及遊客來此朝聖。然而，不敵大風大浪的施虐，步道遭到破壞，暫時封閉，以策安全。

石梯坪

石梯坪位於豐濱鄉石梯灣的南側尾端，是花蓮最大的礁岩海岸，海岸階地上的海蝕地形十分發達，隆起的珊瑚礁、海蝕溝、海蝕崖等觸目皆是，尤其是壺穴群景觀，是千萬年來岩石與海水撞擊出來的作品，精彩萬分，堪稱台灣第一。清光緒年間，統領吳光亮率兵開路，在此看見沿岸岩盤突出入海，長短不一，像一排排階梯，故以「石梯坪」名之。

位於景區中間處，矗立著 17 公尺高、灰白相間的單面山。一邊緩緩斜坡向陸地傾斜，靠海的一邊又是陡峭的地形，登頂不僅可飽覽石梯坪的地質景觀，太平洋的壯闊浩瀚景象也能盡收眼底。

• 石梯坪

月洞與項鍊海岸

月洞原是阿美族港口部落的神聖祈雨聖地，月洞離海岸約 800 公尺，高約 80 公尺的山麓上。洞中潭水位會隨著月亮盈虧與海水漲退而變化，故名「月洞」，或稱「月之井」，若遇天旱，阿美族女巫會到此洞取水祈雨。月洞是個天然鐘乳石洞穴，洞內岩壁上的景觀十分特別，有鐘乳石、石筍、石柱、魚頭化石、燕窩化石、蝙蝠群、浮流與滴樹等景觀。洞內幽暗神祕，有伏流及滴泉，入洞需搭乘專人操作之小船，方能一睹奇景。

月洞下的海岸是傳說中由勇士灑落的項鍊形成的美麗海岸（Cacangawan），

海邊的礁石像一串項鍊珠子散落在岸邊，退潮時是礁岩生態探索的絕佳地點。往昔港口部落的成年禮，是由石梯坪往南游泳到項鍊海岸一帶稱為「巴克力藍（Pakeriran）」水域的大石上。直到今日，港口部落仍延襲嚴謹的年齡階級制度與海祭、年祭等傳統祭儀樂舞。

● 長虹橋

長虹橋

秀姑巒溪南北岸的往來，在清朝時是以竹筏往來接渡，日治時期則在兩岸間以吊橋銜接，一直到了 1966 年，為了開通花東海岸產業道路，在兩岸的石灰岩壁上搭建一座懸臂式橋，橋中完全沒有橋墩的橋體，像極了一道長虹跨越秀姑碧波而以長虹命名。長虹橋是台灣第一座以此工法施作的箱型單拱預力混凝土橋梁，由日本工程師設計監造。

奚卜蘭島

大港口與靜浦分別位於秀姑巒溪出海口的兩岸，中間夾著一座小島，漢人稱此島為獅球嶼，原住民稱此區域為 Ci'poran（奚卜蘭），意為「河口」。位於河口中央，屬於花東沿海保護區之自然保

● 出海口處的奚卜蘭島

護區，奚卜蘭島由都巒山層火山集塊岩所構成，島上保存了台灣最完整的荊棘林。

清道光年間，旅行文學家施鈺來過此地，並作了一首秀孤巒並記，描繪了大港口具有桃花源之美。

靜浦北回歸線標誌

北回歸線貫穿台灣南部嘉義，在東部的花蓮境內即有兩座北回歸線標誌，一在縱谷內的舞鶴，另一在濱海的靜浦，也即在靜浦的北回歸線界標是台灣上 3 座界標中唯一臨海的。靜浦部落三富橋下的三富溪素有「毛蟹故鄉」的美名，夏秋交替之際，溪中有數以萬計的幼蟹（豆蟹），是此處最珍貴的生態特色。

● 靜浦的北回歸線標誌

• 拙而奇觀景台的海景

在 地 體 驗 的 故 事

拙而奇

　　創辦人甘信一及其工作團隊於 1996 年，在花蓮豐濱鄉石門成立，
風格主要以石、原木與銅等三種基本元素，透過點、線及不規則圓塊
的交舞重新解構組合，進行創作，目前已傳至第二代。

　　甘信一台中豐原人，在台灣西部富當過鐵工學徒、球拍、電池工廠
工人、雜貨員工、擺過麵攤、養羊、
養雞、球場桿弟、外務推銷員、大理
石工人、礦工、醫務器材推銷、計程
車、卡車司機等等職業。1980 年隱居
東海岸，1985 年開始嘗試創作，1996
年創立「拙而奇 JOKI」品牌。

• 拙而奇展示的藝術品

小鎮漫步 MAP

豐上
豐濱
↑往海岸梯田

⑤

貓公溪

丁子漏溪

八里灣溪

貓公溪生態遊憩區
遊客服務中心

豐濱國小

順天宮

太平洋

花東海岸公路

● 石門遊憩區的雙心石滬

● 石門遊憩區
● 石門班哨角

● 石梯漁港

石梯坪遊憩風景區

石梯坪

① ② ③ ④

1. 親不知子斷崖空中步道的山光水色　2. 石梯坪　3. 大鼻石山步道　4. 八仙洞風
景　5. 從花蓮往豐濱的海岸公路旁，有許多誠實小攤子，放著些許農民自種的水
果、蔬菜。遊客喜歡就自己拿取，遊客隨意把錢丟在旁邊的盒子裡。農民有空時，
會來補貨及收錢。剛好碰上補貨的阿桑，趕忙拍張照片留作紀念

BONUS 延伸亮點

八仙洞

　　1968 年，由台大宋文薰教授與地質學家林
朝棨教授率領的考古隊，發現了台灣第一個
舊石器時代文化遺址的地方，也是台灣已知
最古老人類居住地之一。當時人類還不懂得
製陶，也不懂得磨製石器，他們的生活器物
絕大多數取可用之材打造而成，少數是用獸
骨製造。隨後由著名的考古學家李濟博士命
名為「長濱文化」。

　　「潮音洞」位於停車場沿階上行先到之
處，是橫向發展的半圓形海蝕洞，橫向發展
的海蝕洞前方常有一個小平台，平台上的堆

積物常保留一些先民生活的相關資料。潮音
洞原是長濱文化遺物出土最豐富的洞穴，卻
因有人佔地為廟，平台上的堆積物被清除無
存。幸好，經過多年的努力，終將佔洞的靈
岩洞廟宇剷除。

　　1988 年，內政部公告八仙洞為國家一級
古蹟，2006 年，文建會修定公告為國定遺
址。東管處在八仙洞遊憩區設立「八仙洞遊
客中心」，內有「史前文化遺址」展示室，
展示史前人類文物與解說，並且說明洞穴的
成因。

● 八仙洞

茶香小鎮

漫步新北坪林，訪茶葉博物館

漫步台北貓空，纜車茗茶

漫步屏東滿州，喝港口茶觀國慶鳥

• 坪林的茶園

茶香
小鎮

• 跨越北勢溪的坪林拱橋
  及橋下的潺潺溪水

漫步新北坪林
訪茶葉博物館

• • •

≫見鎮歷史

2018 年，充滿茶鄉風情的新北市坪林區獲選為「2018 年全球百大綠色旅遊目的地」（The 2018 TOP 100 Green Destination），此項選拔由總部設在荷蘭的綠色旅遊基金會主辦。坪林區位於翡翠水庫上游的水源保護區，生態保育成果受肯定，青山綠水成為孕育優質茶葉的搖籃，自然人文景致處處充滿魅力。

坪林地區本為凱達格蘭族秀朗社居民的活動領域，十八世紀末，福建安溪人陳梓孚至此採集藥草，見土壤肥沃適合墾殖，遂率眾於地勢平坦的森林尾端建庄，稱為「坪林尾」。清朝道光、咸豐時期，來自福建泉州、安溪的墾民，開

• 市區街頭上的大茶壺是茶鄉
  坪林的地標

始在北勢溪沿岸的山區栽種茶樹。此時茶葉、樟腦、大菁，都是坪林地區的經濟作物。

多山的坪林，北倚伏獅山，南靠阿玉山，境內有北勢溪蜿蜒環繞，山林溪水資源豐富。海拔約 200 公尺左右的河谷平原，靠著北勢溪，造就坪林最主要的聚落。依賴著得天獨厚的丘陵地形，盛產聞名遐邇的文山包種茶，來到坪林，隨處可見茶園景色，微風吹拂配襯著一壺清茶，享受一段清閒的品茗時光。

>>見鎮魅力

文山包種茶

台灣茶界早有「北包種、南凍頂」之說，指的是坪林文山包種茶與南投鹿谷的凍頂烏龍茶，兩者皆是台灣茶的翹楚。舊時的「文山地區」包括今日坪林與台北市的南港、木柵區，再加上新店、深坑、石碇等地，近 3000 公頃的茶園分布在海拔 400 公尺以上的山區，已有 200 多年的種茶歷史，是台灣製茶的發祥地。

早年包裝材料尚不發達，茶行用四方型的毛邊紙包茶葉，四兩重一包，再蓋上店家的朱印。這種包裝方式，如今在古老的茶莊還可看到。文山地區的茶種以青心烏龍最普遍，當地茶農稱它為「種仔」，用紙包種仔，或許就是「包種」名稱的由來。

文山包種茶的最大產區坪林，以青心烏龍為主，並以「芽嫩柔軟」成為包種茶的上等茶種。一般而言，包種茶的香氣特別幽雅而飄逸，外形條索緊結，葉尖自然彎曲，茶葉色澤

• 坪林茶葉博物館內各種茶葉展示

• 石雕公園內的茶園

暗綠且帶有素花香。即「鮮豔墨綠帶麗色，調和清淨不滲雜；綠葉金邊色隱存，銀髮白點蛙皮生」。至於茶湯則呈蜜綠或金黃色，即「蜜綠鮮豔浮麗色，澄清明麗水底光；琥珀金黃非上品，橙黃碧綠亦純青」。茶湯入口時先有蘭桂花香經由口腔而透出鼻腔。（吳德亮，2011）

在 地 體 驗 的 故 事

當起採茶姑娘

　　茶一直是東方文化中具代表性的生活文化，在東方人的靈魂裡，彷彿存在對茶的渴求與追尋，日常生活總少不了茶。關於茶的魅力，深深擄獲台灣人的心，位於台灣茶葉的原鄉之一，坪林更以各種自產自售的茶品聞名，以文山包種茶聞名於世。

　　我們前往茶鄉坪林，展開期待已久的採茶體驗。抵達茶園的第一刻，接受茶園負責人的熱情迎接。稍作休息片刻後，來到一片成列青翠的茶園。這一片茶園完全不灑農藥，這樣才能讓人們自由地進入採茶，這茶園的地形四周被山巒包圍，因此水氣不容易跑出，也讓這裡的茶葉更加溫潤鮮嫩。大家戴上斗笠，披上花布，掛上竹簍，一起下海採茶去。

　　走進茶園後，跟著教學示範，體驗正確的採茶步驟。採茶時，一定要蹲馬步，用雙手一起採茶才能快狠準，瞄準一心二葉的茶葉，因為一心嫩葉只具備香氣卻無足夠的色澤，而老葉剛好相反，具備色澤但香氣稍遜，因此採摘時選擇一心二葉，融合了嫩葉、老葉各自的優缺點，如此烘焙發酵出來的茶葉才能色香味俱全。

• 日治時期採茶女

坪林茶業博物館

1983 年，前總統李登輝先生視察坪林時，感於坪林風景優美，

● 坪林茶業博物館

指示設立茶業博物館，為當地茶文化觀光注入一股活水。1997 年元月開幕的坪林茶業博物館，占地 2.7 公頃，是坪林最能吸引遊客的景點，與中國杭州茶科館、漳州天福茶博館、日本靜岡茶之鄉博物館並列為世界四大茶葉主題博物館。主建築為一座閩南茶鄉安溪風格的四合院建築，由展示館、活動主題館、多媒體館、茶藝館與推廣中心五個單元組合而成，此外，在主建物的後方還有一座生氣昂然的坪林生態園區。

展示館是茶業博物館的主體，包含茶史、茶事、茶藝三個展示區：「茶史區」將茶葉傳承、中國歷代製茶、茶儀、茶葉文化與商務發展，從古至今層次分明的舖成。「茶事區」則詳述茶的專業知識等。「茶藝館區」則包括「中國精緻庭園區」、「茶藝館」及「戶外品茗區」，以紫竹樓與月明樓兩棟仿古建築為中心，在曲徑、假山、飛瀑、角亭、修竹之間，構成一座江南古典庭園式的品茶區。而生態園區內，建有奉祀「茶郊媽祖」的思源台，是由台北市茶商工

● 坪林茶業博物館內各種茶葉展示

會自清朝供奉至今的茶郊媽祖分靈於此，也是坪林茶農與茶商的心靈寄託所在。

● 坪林石雕公園

坪林石雕公園

位於坪林茶業博物館之旁、坪林拱橋一端的山坡地，設立了「坪林石雕公園」，除了眾多石雕陳列展示其間外，林木蒼鬱，是個踏青乘涼的好去處。其上的觀景平台是俯瞰坪林小鎮、坪林拱橋，更是遠眺坪林山光水色的好地方。

坪林老街

坪林發展之初，以祀奉玄天上帝的「保坪宮」為信仰中心，延廟宇兩側逐漸擴展，

● 坪林老街

慢慢形成市集，而後鄉公所、農會、警察局等陸續成立，於是老街就成了坪林的政經中心。坪林老街的屋舍建材取自北勢溪的石塊，偏向閩南風味的二層樓建築。1980 年代，文山包種茶闖出自己的名號後，成為坪林最重要的經濟來源，加上北宜公路開闢，坪林成為北部茶葉產銷中心。坪林老街從加油站到郵局之間，就有近 50 家茶莊、茶行。隨著時光流逝，老街因腹地有限，發展飽和，導致商圈外移。

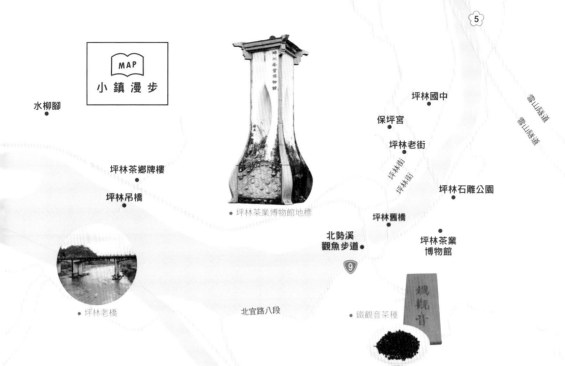

MAP
小鎮漫步

水柳腳

坪林茶鄉牌樓

坪林吊橋

坪林老橋

坪林茶業博物館地標

北宜路八段

坪林國中

保坪宮

坪林老街

坪林街

坪林石雕公園

坪林舊橋

北勢溪
觀魚步道

⑨

坪林茶業
博物館

鐵觀音茶種

鐵觀音

雪山隧道
雪山隧道

1. 坪林老街　2. 坪林老街　3. 坪林的信仰中心保坪宮　4. 坪林茶業博物館展示的各種台灣茶葉　5. 展示裝茶葉的用具

BONUS
延伸亮點

石碇老街

石碇地區早期為宜蘭、坪林出入台北的門戶,由於當時並無橋樑,商旅百姓須跨越橫列在溪流上的疊疊巨石,就如同跨越老房子的石碇門檻,因而得名。石碇地區隱藏的人文、史蹟、民情與物產,都具有獨特情懷,早期因礦業的發展,大量人口流入,因此造就石碇原本樸實無華的小山城的繁榮歲月。即使今日繁華褪盡,但「吊腳樓」及「不見天街」仍堅定守候在山城小鎮裡,而百年打鐵店依然堅持傳統工藝,打鐵聲依然一如往常響起,在叮叮噹噹聲中,見證石碇老街的歷史變遷。

• 貓空纜車站

漫步台北貓空
纜車茗茶

• • • •

≫見鎮歷史

　　貓空地區原是泰雅族賽德克人的獵場，清朝時屬拳山堡之大坑，又稱
內湖庄內灣。日治時期屬文山郡，位於台北市文山區與新北市的深坑區、
石碇區交會處二格山主峰的西側。賽德克人約在 350 年前，由南投縣霧社
穿越拉拉山，再沿著大漢溪上游進入台灣北部。此賽德克人分為活動於新
店安坑和中和的大豹社群，與活動於公館、木柵、深坑、景美及新店屈尺
的屈尺社群。在清朝時，被歸類為「深居內山，未服教化」的「生番」。

　　貓空屬文山地區的木柵區，景美溪的下游，主要指木柵觀光茶園的
山區。那為何名叫「貓空」？根據當地耆老的說法，是貓空的大坑溪谷經
年累月受到河川沙石沖刷，在較柔軟的河床處磨出一個個凹穴，即地質學

1. 雲霧嬝繞的貓空山林
2. 貓空的茶藝館之一
3. 茶藝館旁的櫻花

1	2
	3

上的「壺穴」，台語稱「貓仔崆」，直至日治時期才以台語發音的漢字取名「貓空」。

>>見鎮魅力

貓空茶藝

　　選一個小雨的下午到貓空，此時，石階、青苔、爬藤都極美麗。從山上遠眺台北城，心靈空曠舒坦，如果找一家可以身臨大自然的茶藝館，茶藝與天地的共融就更完美了。坐在木椅上，聽著雨聲滴落屋簷，或看點水飄落荷花池的漣漪，悠悠品嚐清香的包種茶。

　　貓空，向以鐵觀音茶名聞遐邇。鐵觀音原產於福建安溪，日治時期，才有本土的張迺妙茶師受木柵茶葉公司委託，前往安溪引進茶苗，並在木柵指南山上的樟湖種植。由於土質與氣候環境均和安溪原產地相似，所以繁衍擴充非常快速，茶園面積逐年增加，遍及內外樟湖、貓空、待老坑和阿泉坑一帶。

自從貓空成立全台灣第一家的觀光茶園後，遊客上山買茶、喝茶的風氣日盛，茶藝館也如雨後春筍般林立。產業道路拓寬，車輛可直接上山來，不再需要茶行來替茶農賣茶葉，避免中間的剝削，轉變為茶農與消費者直接交易，現今貓空的茶農都自產自銷，這對貓空地區的茶業發展相當重要。

從種茶、製茶、泡茶到茶餐，貓空的茶農有一籮筐的茶經；從最初的鐵觀音到改良的冷泡茶，處處可見茶農堅持傳承又能創新研發的執著。「貓空」，一個匪夷所思的名字，卻成了木柵觀光茶園的代名詞。

在 地 體 驗 的 故 事

觀光茶園的體驗

1993 年，茶農張丁頂在自家的山坡地種植了上千株的杏花，鋪設賞花步道，從此杏花林成了台北近郊拜訪春天的迷人方位。張先生的兒子張智揚在杏花林旁開設一間杏花林茶坊，提供遊客喝茶兼賞花的另類觀光茶園。

雅緻清幽的杏花林茶坊，遠離貓空茶藝館密集區，離群索居的地理位置反而賺得一片清幽。若選在二月的花季前來，更能一邊品茗，一邊欣賞花姿招展的杏花。沒有茶餐、沒有土雞、沒有卡拉 OK，這裡是道地的茶坊，是為杏花而開的茶坊。

• 貓空的茶藝館之一

• 貓空纜車

貓空纜車

　　無論近景的樹林，還是遠景的 101 大樓，都浸在春天細雨中，從指南山頂到樟山寺的上端，原本碧綠如洗的晴空不出意料的為山嵐雲霧繚繞，透過貓纜的雨滴打點半透明成不良品的毛玻璃外框，宛若一幅幅顏料交疊的潑墨畫。跨越動物園後，稀疏的茶園、濃密的樹叢都留戀地向後倒退。蜿蜒的山路在觀景窗內逐漸拉近，密集的茶肆招牌摩肩接踵在交叉路口爭奇鬥豔，果然，終點站貓空到了。

　　貓纜是台北市第一條高空纜車，是全台最長的纜車系統。從動物園起點，順著鋼索滑動，越過相思林密密覆蓋的蓊鬱山谷，沿途經過動物園園內站、指南宮及兩個轉角站，最後到達貓空，全程約 30 分鐘，全線高低落落差達 300 公尺。看著茶園與濃密的樹冠群在腳底下綿延，台北的景色宜人。

樟山寺

早晚上得山來拋卻利鎖名韁睥睨萬家燈火
情緣結諸寺內捧住香茗泉水澄清一片襟懷

　　這是樟山寺廊柱上的對聯，反映出上樟山寺可喝到廟方免費供應的鐵觀音好茶水外，如果想要遠眺整個台北盆地，無論晴天、雨天還是夜晚，尤其是台北市璀璨的夜景，站在樟山寺無異是首選，整個大台北市都可盡入眼簾。夜晚時分，高樓大廈散發出熠熠光芒，馬路成了燦爛的銀河，車燈彷彿流星般掠過黝黑的天幕，這是樟山寺最迷人之處。

指南宮

在貓空品茗時，常可看到對面山頭氣象宏偉的廟宇，金光閃閃的屋頂，從貓纜上鳥瞰更覺氣勢非凡，這便是供奉孚佑帝君呂洞賓的指南宮，又稱「仙公廟」。是台灣著名的道教聖地，卻也是情侶們裹足不前的地方，深怕美好的姻緣會被傳言中善妒的呂洞賓給拆散。

不過，不管傳言如何，不來仙公廟一遊，真的是浪費大好美景。這裡不僅視野遼闊，從指南三路的步道拾階而上，沿途林木參天，景致古樸自然，行旅間就是一種享受，接受大自然的洗禮，讓心靈沉澱，是一個尋幽訪勝的好地方。

超過百年歷史的指南宮，是長輩們小時候遠足的熱門地點，很多人的兒時記憶裡都有那段 1185 級石階。其實指南宮所在的猴山坑海拔僅 285 公尺，群山環繞，在 1960 年代前環山公路（萬壽路）還未開闢前，遊客們只能走石階步道上山呢！

迺妙茶廬

迺妙茶廬即張迺妙茶師紀念館，是迺妙茶師的後代子孫所建立。館中展示張迺妙茶師為鐵觀音竭盡一生奮鬥的歷程，除了文字資料外，館內還收藏陳列各式各樣的製茶用具及相關文物。

茶展中心

茶展中心即包種茶（鐵觀音）研發推廣中心，中心陳列著各種製茶機具，並介紹茶葉歷史及製作方法。亦可在茶展中心品茗，品嚐聞名的文山包種茶的美味，讓大腦、鼻息與口中全都烙印下鐵觀音的甘美滋味。

茶展中心旁還有一間「水土保持戶外教室」，藉著人工降雨沖蝕槽、示範苗圃、生態水池等設施傳播水土保持的觀念。

• 指南宮

深坑區

景美溪

萬芳路

木柵動物園

捷運動物園站

貓空纜車
轉角一站

動物園南站

貓空纜車
轉角二站

景美溪

秀明路

木柵路三段

國立政治大學

政大一街

指南宮

環山公路
（萬壽路）

貓空纜車
指南宮站

景美溪

3

樟山寺

指南路三段34巷

指南溪

指南溪

指南路三段38巷

指南溪

指南路三段40巷

老泉街45巷

杏花林茶坊

貓空站

茶展中心步道

台北市
鐵觀音包種茶
研發推廣中心

貓空小天空步道

迺妙茶廬
（張迺妙茶師紀念館）

指南路三段38巷

MAP

小 鎮 漫 步

35

● 貓空纜車車廂

① ② ③ ④

⑤ ⑥ ⑦

1. 貓空纜車　2. 貓空的茶藝館之一　3. 茶藝館的山水造景　4. 捷運木柵動物園站　5. 貓空雨後的山景　6. 指南宮眺望山景　7. 指南宮正殿

茶香
小鎮

• 從恆春城東
門遠眺山巒

漫步屏東滿州
喝港口茶觀國慶鳥

• • •

≫見鎮歷史

　　站在恆春城東門城上往外望去，山巒疊嶂，一片翠綠貼面而來。滿州是出了恆春城過了「出火」後的第一個聚落，原先是琅嶠十八社大頭目的住所。據說是早先被原住民隨意丟棄的獵物屍體，因臭味撲鼻而稱謂「臭氣（mautsuru）」的地方，閩南語諧音「蚊蟀」，久之稱「蚊蟀埔」，後來才被日本人改名以日語發音的「Manshiu」，漢字即「滿州」，沿用至今。

　　滿州是恆春半島東南角的一河谷地，四周山巒環繞，有里德山、南仁山與老佛山等，其中以南仁山原始林，孕育著稀有、保育的自然生態，彌足珍貴。墾丁國家公園成立時，南仁山被規劃為「生態保護區」，滿州才得以保留了部分原始風貌。

1 | 2
  | 3

1. 日治時期二十世紀初恆春城內與聚落樣貌
2. 牡丹社事件石門古戰場
3. 東門城外孤棚，是中元節搶孤活動的主場地

牡丹社事件

　　1871（清同治 10）年，一艘琉球（沖繩）前往日本的貨輪，航行中遇到颱風，船身撞擊岩礁破裂，漂流到台灣南端滿州的八瑤灣一帶，船上 69 人，3 人溺斃，其餘 66 人泅水登岸，又因言語不通，彼此誤解，慘遭原住民殺害，僅剩下 12 人倖免於難。隔年日本借機派遣軍艦，由台灣南端登陸，攻打恆春地區，佔領達 7 個月之久，史稱「牡丹社事件」。

恆春古城

　　1875（清光緒元）年，在營務處劉璈的督辦下，委由各縣仕紳建造，一直到 1880（光緒 5）年 7 月才完工。設有四座城門及門樓，每門各設砲台一座，另有 30 ～ 40 名士兵駐守，每日下午六時關閉城門。恆春古城為台灣現存古城中較為完整的城池，1985 年 8 月 19 日公告為國定古蹟。

　　東門是恆春通往滿州的要道，1983 年修護完成，並將登城慢道改建為階梯，破壞了古蹟的完整性，但也因有了階梯可供遊客登城遊賞，綿延近一公里的城牆；2004 年再修護整理城內空地，興建廣場、步道及相關休憩設施。每年中元節的「搶孤」活動的孤棚也設在東門外。

港口茶

　　「港口」是滿州鄉的一個依山面海的小漁村，卻是恆春半島最長河流港口溪的出海口。港口溪源於牡丹鄉的高土佛山，港口溪挾沙出海，當河水少時，河口被沙嘴堵住，形成「沒口溪」的景觀。跨越溪口的「港口吊橋」是當地的地標。

　　港口小漁村，是路過佳樂水風景區必經之地，它的「港口茶」有別於一般台灣茗茶而聞名。港口是台灣最南的產茶區，1876（清光緒2）年，知縣周有基自福建安溪引進烏龍、綠茶、雪梨、紅心尾等四種茶籽，在恆春一帶試種，僅港口一地試種成功。幾代下來，成就了「港口茶」的名氣，而與瓊麻、洋蔥同列為恆春三寶。

　　港口茶的來源，早期一般認為是福建武夷茶種，後來在茶山朱家的一包老式港口茶上的老圖記，赫然發現，題為「雪梨種茗茶」，解讀這枚百年老木頭印章，對照〈恆春縣志〉，終於推認知港口茶是源自福建安溪四名茶之一的雪梨茶種。

1. 港口吊橋
2. 與瓊麻、洋蔥同列為恆春三寶的港口茶

茶樹有「異交作用」，茶園的經營為求品種劃一，採收作業期固定，大都使用「扦插」或「壓條」等無性繁殖，以確保經營效率和品質穩定。但港口茶卻是以茶籽播種「實生苗法」的有性繁殖，所以每株茶樹各有不同的基因和個性，與無性繁殖的「複製」截然不同，故每株港口茶就代表一個品種。現今台灣，除茶葉改良場打算培育新種，再也沒有別處，有這麼豐富的茶樹基因庫。

港口茶與綠茶同屬不發酵茶。其葉經採摘後，不經日光凋萎，立即炒菁，而後經揉捻、乾燥製成灰綠色澤、灰白起霜、滋味濃冽的茶球。由於臨近海洋，長年受強風、烈日拂照，葉片較厚、口感也重，一壺茶可沏 7～8 次，而不失原味。初入口時，茶味乾烈，但下喉後，一股特有的馥香自舌根升起，愈加甘冽。由於栽植面積小，產量有限，只有在恆春一帶有售，所以喝過的人不多，欲品嚐者可親赴產地，或到滿州農會選購。

滿州賞鷹

滿州四周為低山丘陵環繞，每當東北季風吹起，受地形的影響，容易形成上升的氣流，就是這股氣流，讓歷年來往南遷移的候鳥都以滿州附

近的山林，做為牠們渡冬遷移的中途休息站。加之不虞乏食物，因此吸引鷹鷲類候鳥前來落腳，故有「鷹鄉」之稱。其中最著名，當屬每年秋天過境此地、正名為「灰面鵟鷹」的灰面鷲，當地人稱為「山後鳥」，也因此「滿州賞鷹」成為國內外鳥友們一年一度的盛事。

灰面鷲過境滿州時，大多棲息在里德村一帶，而里德賞鷹的地點又以附近的三座橋：滿州橋、山頂橋及里德橋為最佳，這些橋樑四周空曠，視野寬廣，可以清楚的看見灰面鷲由遠而近的飛過來。河岸邊茂密的人工林、竹子、檳榔與想思樹頂端，都是灰面鷲棲息的地方。

灰面鷲在整個秋季過境時間持續約十幾天，依歷年來的紀錄，10月上旬至中旬是主要的過境時間，牠們總是在每年10月10日前後順著東北季風的氣流，成群南下入境，所以又有「國慶鳥」之稱。

一般來說，每天約在下午3點以後，鷹群就陸續由北方飛抵滿州附近山區的上空，這也是滿州賞鷹最好的時段。抵達滿州上空的鷹群，會利用上升的氣流爬升，不斷地盤旋反覆降落和升空，形成極震撼的景觀。天空裡，到處是一團團由數十隻，甚至上百隻灰面鷲聚集而成的「黑雲」。「黑雲」隨著氣流不斷地移動，在天空集結又散開，即使不用望遠鏡，也輕易看得到。黃昏時，再降落樹梢休息，此即所謂的「落鷹」。翌日一早，鷹群飛至社頂公園上空集結盤旋，然後一起往南飛至菲律賓及中南半島等地。

佳樂水

佳樂水，舊稱「高落水」，係台語音譯而來，原為「瀑布」之意。佳樂水主要為層狀的砂岩與頁岩風化及海蝕地形，迴異於恆春半島海岸的珊瑚礁岩地質。由於久經強風及海浪侵蝕，逐漸雕琢出各種奇岩怪石；山海瀑布是由發源於海拔 410 公尺豬勞束山的三條野溪匯流而成，溪流流到海岸階地崖邊直接落下，形成背山面海的瀑布。山海瀑布分成上下兩段，上段水流密集；下段水從石縫中流出，在奇特怪異的蜂窩岩襯托下，更見美感。夏季豐水期萬馬奔騰，使得山海瀑布氣勢撼人，配合周圍的特殊地形景觀，讓人流連而不思返。

南仁山生態保護區

南仁山森林坐落在恆春半島東側，屬台灣中央山脈最南端餘脈，地處熱帶與亞熱帶交界的南仁山區，是台灣僅存的低海拔原始森林，有山谷、溪流、丘陵、沼澤、草原、山坡，幾乎囊括各種自然景觀。南仁山生態保護區於 1982 年成立，低海拔的原始闊葉森林中植物多達 1200 多種，另外爬蟲類、哺乳類、兩棲類動物也相當豐富。還包含 30 公頃左右的南仁湖水域，湖水映照丘陵的湖光山色，寧靜的山水美景，吸引無數慕名而來的遊客。

港仔沙丘

從九棚到港仔所面臨的海灣就是聞名的「八瑤灣」（牡丹社事件起因地點），在這片臨海的山丘上出現一片沙漠，映著陽光耀眼刺目，是由河沙堆積成的海岸，也是恆春半島最大的沙丘地。港仔這種沙漠與大海並存的沙丘景觀，非常珍貴罕見，令人驚艷。

港仔位於九棚溪的出海口，溪流從上游運下大量泥沙，並沉積在河口附近海岸，形成沙灘。到了冬天，東北季風風力強勁，將沙灘上的沙粒往內陸吹動，但受內陸的樹木、岩石阻擋，沙粒又紛紛堆積下來。東北季風年復一年的長期吹襲，沙灘上的沙粒便會越堆越高，逐漸形成小丘，這便是「沙丘」的由來。遊客可租用當地車隊的吉普車「飆沙」，然而飆沙的吉普車，呼嘯來去，早就把沙丘不斷地輾壓得更堅實而失去原貌。

1	2
3	4
	5

1. 因季風強吹，沙灘越堆越高形成沙丘
2. 南仁山生態保護區自然步道
3. 佳樂水海蝕地形
4. 原為無名瀑布的「山海瀑布」
5. 佳樂水的奇岩怪石

MAP 小鎮漫步

老佛路　秀林路　山頂路

文化路

滿州 ●　中興路

南興路　里德橋　山頂路

滿州一間店 ●

里德路

● 里德

臺灣最南點
The Southernmost Point In Taiwan

• 過了鵝鑾鼻公園往南
　即可抵達台灣最南點
　地標

春興路

頂角路

林祿溪

永南路

新厝路

新莊 ●

下滿州 ●

[200]

華園 ●

● 佳樂水海岸奇岩
　怪石景觀

港口溪

橋頭 ●

● 呆風

● 永興

[200甲]

港口 ●

● 公館

佳樂水 ●

● 港口吊橋

白沙灘溪

• 賞鷹季節一到，絡繹
　不絕的遊客來到滿州
　鄉境內，安靜地等待
　灰面鵟鷹的過境出現

• 現泡港口茶，茶色濃郁，口感
　甘醇，略帶苦味

1. 恆春東門外孤棚與搶孤廣場　2. 港口吊橋　3. 電影《海角七號》拍攝場景成為旅遊熱門景點　4. 港仔沙丘　5. 佳樂水海岸景觀　6. 滿州一間店的外圍四周，古樸、低調、含蓄，不引人注目　7. 滿州一間店店主人散發書香氣質，內部陳設不落俗套，令人驚艷　8. 十月國慶鳥賞鷹人潮與車潮

- - - - - - - - BONUS - - - - - - - -
延伸亮點

墾丁社頂公園賞鷹

　視野展望極佳的社頂公園凌霄亭，是秋季猛禽過境賞鷹的熱門地點。每年十月灰面鵟過境時，凌霄亭可說是愛鳥人士必訪之地。清晨賞鷹外，也可從這裡觀看太平洋的日出。遠眺太平洋與巴士海峽挾抱的鵝鑾鼻岬角；近處則是高位珊瑚礁岩聳立，間有綠樹隨

風搖曳，成波似浪。

　鳥友們，懷著「朝聖」的心情，一大早就跑到社頂公園看起鷹。在冷冽的寒風中，鷹群隨著氣流盤旋而上，或遠或近，然後帶著大家的驚嘆與祝福，乘風滑翔出海，繼續牠們未竟的旅程。

鵝鑾鼻公園附近台灣最南點地標意象

臺灣最南點
The Southernmost Point of Taiwan

鐵路小鎮

漫步南投集集，穿梭綠色隧道

漫步嘉義奮起湖，遊憩森林鐵道

漫步新北平溪，天燈冉冉升起

漫步新竹內灣，一覽老街戲院

• 菁桐車站鐵道旁祈願竹筒

鐵路小鎮

• 集集火車站

漫步南投集集
穿梭綠色隧道

• • •

>>見鎮歷史

集集是一座風光明媚、耐人尋味的小鎮，鎮內觀光資源豐富，文化遺產有列為國定古蹟的「化及蠻貊」與「開闢鴻荒」石碣、縣定古蹟的明新書院、歷史建築的集集農會，還有知性機構的特有生物研究保育中心、鐵路博物館，還有其他美麗的自然風光，悠遊於鄉間的自行車道，可以細細地品味這小鎮多麼迷人的豐采。

• 一到假日，有非常多的遊客來到集集車站

1875（清光緒元）年，埔里社廳集集堡由於八通關道路的開通及樟腦業的蓬勃發展，人口聚集，商家林立，成為濁水溪上游最繁榮的市鎮。集集所產製的樟腦，佔台灣

樟腦的八成。在日治時期，現在的集集大山，滿山滿谷全都是樟樹，集集是當時台灣製腦的重鎮。

集集車站

建於 1930（日昭和 5）年的集集車站，係純檜木搭建的日式車站，造型古樸典雅，極富鄉村氣息。90 年代一部以集集車站為場景的廣告引起大

• 集集車站的吉祥物　　　• 日治時期人工採
　　　　　　　　　　　　　樟腦情形

家的注意，影片中的老車站，以典型的和洋混合式木構建築，在劇情的烘托下，讓處在水泥森林的人們一下子跌回時光隧道，至此小站因而聲名大噪。它也是 2001 年台灣歷史建築百景，票選高列第三名。

1999 年，921 大地震，位在震央附近的集集線毀損嚴重，集集火車站傾坍了，大斷層撐起橋墩，把鐵路架得半天高。在距集集車站 11 ～ 12 公里處地表隆起，鐵軌及路基嚴重扭曲變形，成為最特殊的震災遺蹟景觀。深具教育、紀念意義及觀光價值，因此被指定為「國家地震紀念地」

為了保存這座富有歷史意義的老車站，台鐵決定原地重建，並盡量恢復原貌。出身集集的企業家葉宏清以「實體捐贈」的方式，幫助車站重建。此外，並委託清華大學建築研究所利用現代科技還原昔日風貌，一磚一瓦毫不馬虎。

於 2002 年 2 月完工。重建後的日式紅檜木造車站，依舊是不斷的攝影焦點，讓集集鎮的觀光事業注入生機，如今集集車站每逢假日，人山人海。

● 集集線鐵道路線

● 大觀發電廠

集集線鐵路

　　1921（大正10）年，台灣電力株式會社為了興建日月潭的「門牌潭發電所」（大觀發電廠）及水里坑第二發電所（鉅工發電廠），特別興建了專用鐵道為運送建造電廠所需的建材，這段鐵路就是集集線鐵路的前身。

　　集集線是目前台鐵僅存的三條客運支線鐵路之一。1980年代末期，本因虧損連連，險遭拆除，後經地方人士爭取，敗部復活。集集線在1991年，一躍成為台灣鐵路觀光化的先驅，日式結構的集集車站、綿延數公里的樟樹隧道，一時間成為拍攝廣告影片的熱門取景地點，默默無聞的集集線，頓時聲名大噪，遊客絡繹不絕。

車埕站

　　集集線的終點車埕，原稱為「牛車寮」，是牛車運送蔗糖聚集處。四周山林環繞，中有水里溪穿越，是一風景綺麗、純樸小村落。清末因伐樟熬腦產業興起，逐漸形成聚落。1912年，為了運送埔里糖場所產的

● 進入車埕站前的隧道

• 進入車埕站前的美景

蔗糖，開設輕便車鐵道，並兼營客運，因有許多輕便車聚集此地，故名「車埕」。

　　1937 年電廠完工後，工程人員撤離，使得車埕這繁華一時的小山城，頓時花容失色，趨於沒落。直到 1960 年振昌木業公司在此營運，車埕再度復活，一躍成木材集散地。振昌木業創辦人孫海在此建立木業王國，於 1960 ～ 1970 年代盛極一時，日本明治神宮的鳥居、靖國神社、奈良東大寺也都採用孫家的檜木。

　　然而隨著環保意識抬頭，森林政策轉向禁止伐木，工廠只能走向歇業關閉的命運，徒剩貯木水池與天車，車埕經濟也漸趨沒落。雖然往日榮景不再，但碧水悠悠，相映一旁的天車，美麗景緻依舊。日式的木造辦公廳舍及

斑駁的手押輕便臺車軌道殘跡，依舊遺留在這座寧靜的小村落中，有一種繁華落盡的氛圍。

位在車站附近的車埕酒莊也是重要景點。它以水里鄉盛產的梅子製酒，且皆以鐵路為主題命名，如鐵道公主、列車長、鐵軌等。製酒的發酵區、蒸餾區、包裝區皆設在一樓，遊客可透過玻璃，在專人的解說下，了解梅酒的生產過程。

• 車程早期吊木材的天車

在 地 體 驗 的 故 事

現在的車埕準備好了再出發，結合鐵路文化、木材產業文化、電力產業文化、農產品文化等觀光資源，將原本的聚落轉型成手作工坊，準備讓遊客一面了解車埕文化之美，一面體驗動手製作簡單木作的樂趣。

1. 車埕的儲木池，周邊已轉型為步道
2. 車埕木業館可體驗 DIY

1
2

DNA

● 來到車埕可體驗早期木業的環境與伐木鐵路的空間

鐵路文物博物館

位在車站旁的集集鐵路文物博物館，是旅客認識集集的第一步，木造的展示空間，鐵軌造型的走道，相當具有地方特色。館內展示著小鎮的模型、集集支線的歷史、921 地震後的情形，以及紀念品販賣店。

武昌宮

武昌宮是集集在 921 大地震損失最慘重的地方之一，當時耗資 6000 萬興建廟宇，卻在近乎完工之際，遭逢這場大浩劫。保留「災區」景觀，作為活生生的地震紀念館。

綠色隧道

小火車穿梭在集集線濁水至集集的這段「綠色隧道」，是南投縣最經典代表畫面之一。綠色隧道長約 4.5 公里，位在濁水站附近的 16 號省道旁。平緩的鐵道與優美的公路大致比鄰平行，公路兩旁種的是已有 60 年以上的老樟樹，枝葉茂盛、綠蔭遮天，綠色隧道天然自成。

1987 年 6 月 10 日，報載指出從名間

• 鐵路、公路同時並行經過路色隧道

到水里的台 16 線上，一條全台灣最美的樟樹行道木，將為拓寬道路，逐年砍成殆盡。這個消息宛如一顆炸彈，震驚了許多民眾和學者，都為這條著名的綠色隧道奔走請命。

詩人劉克襄在同年 6 月 23 日的時報人間副刊上，發表一篇緊急救樹的短文，文章標題情感濃烈感人：〈請不要屠殺我們的鄉愁！〉。的確，對常年在這條樟蔭路上往來的居民，甚至對偶而過訪的旅人，台 16 線這枝葉交覆、鬱鬱掩映的「綠色隧道」，那蒼勁的樹姿，濃密的清蔭，以及沿路藏在每棵樹中嘹亮的蟬聲，無一不是令人思念濃重的鄉愁。

台灣特有生物研究保育中心

台灣超過 18000 種野生動植物中，特有種高達 60%，但由於多年的過度開發，帶來環境生態浩劫，物種減少，瀕臨滅種的生物增多。1992 年成立特有生物研究保育中心，隸屬農委會，擁有廣大的生態園區、蝴蝶生態園及自然生態保育教育館。全中心佔地 10 公頃，展示台灣野生動植物與特殊生態系等珍貴自然資源。

MAP

小鎮漫步

二水站

龍泉站

集集線鐵路

● 集集車站

名水路三段

綠色隧道

152

武昌宮

樟腦出張所

● 民生路

16

集集車站

鐵路文物博物館 ●

民權路

139

3丙

3丙

139

● 化及蠻貊碣

● 車埕儲木池轉型而成的生態步道與景觀　　● 車埕站月台

明潭發電廠

車埕木業展示館

車埕車站

昌宮

山蕉歷史文物館

●**台灣特有生物研究保育中心**

明新書院

名水路二段

濁水溪

● 明新書院

水里車站

BONUS
延 伸 亮 點

二水車站

　　1941（昭和16）年，日本學者鹿野忠雄在〈山、雲與蕃人〉文中，對二水火車站的描述：「窗外稻田水盈盈，映照著夕陽金黃色的餘暉，黃昏時分，火車緩緩駛入二水站。我選一家很誇張地叫做中央大飯店的小旅館過夜。二水是台灣縱貫線的一個小站。從這裡有2條支線伸向南投和水裡坑的外車埕。這裡只有一條小街，蟬鳴吵雜，木瓜結實纍纍……」。

　　二水火車站創建於1905（明治38）年10月，最初以「二八水驛」為站名，開始營運，1920（大正9）年站名改稱「二水驛」。

原係木造站房，1922年重新擴建，1935年拆除木造站房，另以鋼筋水泥興建。站體採用一種較具現代風格的折衷式建築，在簡約的方形建築上賦予圓弧形四柱迴廊，點綴性的圓窗，讓車身流露出線條美。前面還種有四棵椰子樹，增添亞熱帶風情。

● 二水車站

1. 化及肇貃碣　2. 二水車站，旁有高大的熱帶椰子樹　3. 車埕的天車　4. 儲木池旁的天車　5. 車埕的鐵道便當簡餐　6. 集集線綠色隧道　7. 明新書院　8. 明新書院牌樓　9. 車埕木業館可體驗DIY

鐵路
小鎮

• 阿里山鐵道行駛中
  醒目的火車頭

漫步嘉義奮起湖
遊憩森林鐵道

• • •

>> 見鎮歷史

　「奮起湖」這個地名，總讓人想起一座雲霧環抱的湖畔山城，是山城沒錯，但卻無湖可畔。只因東、西、北三面環山，形同畚箕形凹地，所以舊名「畚箕湖」。這座山城的房舍就建築在山坡上，如梯田般的散布在翠綠的山林中，格外醒目。

奮起湖車站

　奮起湖站海拔 1403 公尺，是阿里山森林鐵路的中點。小小的火車站，簷下的原木招牌，標示著距離阿里山還有 25.6 公里。1970年代蒸氣火車 5 節車廂，可載滿 500 人上山，最興盛時一天上下山各 5 班，這是奮起

• 奮起湖舊名「畚箕湖」

• 不同的店家就有不同
  特色的奮起湖便當

• 奮起湖站

湖最風光繁榮的時代。奮起湖除了是阿里山鐵路登山路段的中繼站外，尚有公路 169 線通過，北可通太和、豐山、來吉等地，南可經石桌接阿里山公路，交通十分方便。

>>見鎮魅力

奮起湖便當

　　短短的一條老街，長約 500 公尺，就有多家便當品牌各自招攬，各家的菜色雖有不同，但都主打懷舊風格，講究傳統風味。奮起湖大飯店提供了三種便當，有鐵盒、檜木盒和木片三種，主菜固定是滷土雞腿。蘭香食堂為滷排骨，松本飯店是炸排骨，但阿良鐵支路便當則以現炸紅糟排骨竄出一片天。

　　往昔，奮起湖以便當和四方竹聞名。火車到來，讓原本幽靜的山城沸騰起來，上下車的遊客、便當的叫賣聲讓奮起湖站熱鬧滾滾，直到火車離去，奮起湖喧囂的嘉年華，嘎然而止，像一縷蒸汽飄向空中。1970 年代最興盛時，一天上下各五班。奮起湖大飯店林金坤回憶當年盛況，一天可賣 2000 ～ 3000 個便當。

　　日治時期，一位移居奮起湖的林仔師，他向日本師傅學得一手製作

偏鹹帶甜的傳統日式軟燒肉。當時奮起湖御便當達人林金坤的母親向這位林仔師習得這道軟燒肉，並加以改良，以醬油及糖融合蒜頭爆香，獨創適合台灣人的在地口味。並在鐵路旁開起食堂，亦成為奮起湖大飯店的緣起。

• 奮起湖便當之一

　　這裡的便當好吃，或許不見得菜色多麼特別珍奇，是剛好身體夠累、肚子夠餓，聞到熱騰騰的飯菜香，入口的自然全是極品美味。奮起湖因地處阿里山鐵路中段，當年火車行至此，需要進行加水、添煤作業，停留時間拉長，車上的旅客也需要休息或吃飯，因此造就當地店舖林立，販售便當的店家尤多，「奮起湖便當」遂漸打響名號。

阿里山高山茶

　　雖然阿里山高山茶名聞遐邇，但其實當地種茶的歷史並不久，約在1976年左右才開始大量種植生產。如今阿里山出產的茶，已經成為台灣高山茶的代表，茶園總種植面積達 2000 多公頃，年產量達 1800 噸。

　　阿里山高山茶因為地勢的特殊，雲霧終年繚繞盤旋不去，所以露水

也就格外的清甜、濃重，最適合種植茶葉。再加上適宜的高海拔，使得氣候涼爽，但卻又不至於酷寒，又因為產在高海拔地區，這兒生產的茶葉，平均日照也較短，故茶樹的葉片特別肥厚軟嫩，果膠質含量大為提高，泡起來色澤翠綠，滋味更能持久純厚，而茶葉嫩芽所含的兒茶素苦澀味道也較低，

• 日治時期，阿里山神木是著名景點之一

• 阿里山高山茶園景觀

茶胺酸等天然的甘味成分提高，香氣別具一格，所以越來越受到飲茶人士的喜愛。（郝譽翔，2012）

• 燒愛玉

阿里山燒愛玉

　　北部人叫「愛玉」，南部人的老一輩叫「薁蕘」（讀「餓–gior」）。盛暑時，就是喜歡這一味涼品。問攤家愛玉來自何處？嘉義、台南地區都說來自阿里山。好吃的薁蕘生長在海拔 800 ～ 1800 公尺多雨溼潤的原始闊葉林內，經常纏繞於岩石或樹幹上，長在茶園旁因施肥而長得特別茂盛，阿里山區的愛玉膠質成分濃。採收時間以每年 10 月至翌年 4 月左右，但以野生為最佳。

　　一些店家常以薜荔子來取代這種膠狀黃色半透明的涼品，現在更有一種用「菜燕」（洋菜）製成，是從海藻類植物提煉出來的。要分辨不難，野生的愛玉，形成膠狀時表面有毛細孔，放久會出水，洋菜仿冒品則否。在奮起湖機關車庫旁有一攤店，賣的是野生阿里山愛玉，秋冬時節，來到奮起湖，還有燒愛玉可吃，暖暖的，幸福十分。

阿里山森林鐵路

阿里山森林鐵路是林業文化的遺留物，同時也記錄了近代台灣被殖民的歷史，再加上擁有多樣特色：獨立山螺旋上升、繞「之」字形火車碰壁、行經熱、暖、溫

• 從嘉義出發的阿里山鐵道

• 紅色白條紋的阿里山小火車

三帶林相等，堪稱世界鐵路奇觀。它與印度大吉嶺喜馬拉雅山登山鐵路及秘魯安地斯山鐵路並列為世界三大登山鐵路，堪稱為一條國際知名的國寶級鐵道。

阿里山森林鐵路一路從海拔 31 公尺的嘉義市北門車站起，向東方的重巒疊翠蜿蜒而去，最後爬升到海拔 2274 公尺的阿里山站，全長 71.9 公里，共通過隧道 47 座、橋樑 80 座，從平地至高山，林相變化豐富，沿途經過熱帶、暖帶、直到溫帶林，終至行駛於雲海之巔，故有「雲端列車」的美稱。坐在紅色白條紋的小火車上，當窗外略過一幕幕的林業風華，彷彿是台灣林業發展歷史的縮影。

機關車庫

在奮起湖車站旁有一座建於 1912 年，阿里山通車時的木造機關車庫，外型依舊，現在保存展示著兩部舊蒸

• 木造機關車庫

汽火車頭，編號 18 和 29 號。不過，在塵封之下很難想像它們當年噴著白煙，馳騁山林的雄姿，另外還有阿里山鐵路文史展覽室，其中陳列著火車環繞通過獨立山的模型。

奮起湖老街

老街為了適應地形與多雨的氣候，老街兩旁房舍依山勢而建，店家屋頂毗鄰以避雨，保有早期「不見天街」的味道。奮起湖的早晨顯得慵懶，街道上只有三三兩兩的旅人。

• 奮起湖老街

• 奮起湖商店街

作芥末醬的山葵，幾乎各家都有，當季的高麗菜顯然也是大宗。一轉身，又見色澤古樸蘊藉的木屐，忍不住又添購了

• 比起奮起湖老街發展更早的下腳店仔老街

• 比起奮起湖老街，下腳店仔老街寧靜許多

兩雙，打算分送兒子及媳婦，讓他們在走出頂樓戶外陽台上時，能有一雙質地堅固、色澤典雅的木屐喀拉、喀拉的敲響整個天際線的春天。（廖玉蕙，2012）

百年老老街：下腳店仔

大家都知道奮起湖有條知名的老街，但鮮有人知在老街的南下方，另有一條年代更古老的老老街「下腳店仔」。從車站往南，經過翁鬱蔽天的百年肖楠林、曾提供醫療服務的奮起湖天主堂、日治警官宿舍改造的茶飲空間「醉迷湖」，再彎進低層台地聚落，即老老街「下腳店仔」所在。見不到熱鬧擁擠的人潮或攤販林立的商業街，更像來到通往鄰居家的後街小巷。遠自清末時期，大批的伐木工人和商人被山裡盛產的樟木所吸引，附近聚落居民揹負農產品翻山越嶺來交易，在下腳店仔形成簡易的市集，同時也是上下山人們的歇腳處。

四方竹林

跨越鐵道後，沿著石階拾級而上，就可看到奮起湖獨有的四方竹林，它遠望下與一般桂竹無異，但近觀觸摸之後，才知竹莖為方形，因而得名。高可達 6 公尺，節上環生短刺，每節有三側枝。由於它原產於中國南部各省，移植至此，只適合栽種在海拔 1400 公尺左右的山區，培植不易，因此格外珍稀。除供觀賞、建築、工藝、裝飾外，竹筍可食用，為名貴的園藝樹種。

• 四方竹林因竹子的竹莖為方形而得名

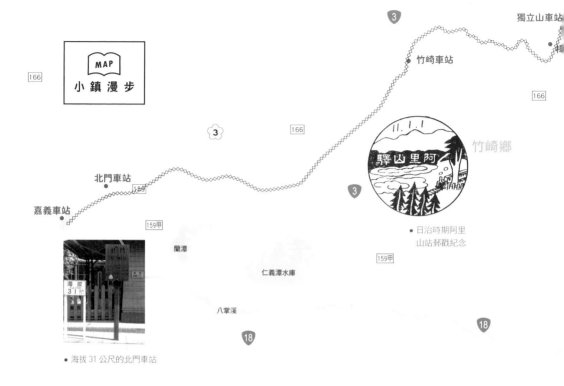

166

166

③

竹崎車站

獨立山車站

③

竹崎鄉

北門車站

166

③

嘉義車站

159甲

• 日治時期阿里
山站郵戳紀念

蘭潭

159甲

仁義潭水庫

八掌溪

18

18

• 海拔 31 公尺的北門車站

在 地 體 驗 的 故 事

阿里山賓館

「1913 阿里山舊事所」為海拔最高的地方文化館，誕生於 1913 年，靜靜地站立在廣大的森林之中，見證了阿里山森林鐵路與林場的興建。從日治時期開始，原本招待高級官員的俱樂部，到後來的招待所，演變為今日的阿里山賓館歷史，館裡面充滿了老一輩阿里山人與伐木興盛年代的回憶。716 號房為展示當年日治時期的總督等高級官員房間內部佈置，也是賓館目前仍唯一保存的傳統日式風格的房間，房間內以日本榻榻米鋪設，床上並設有泡茶用茶几。50 年代咖啡廳可以喝到阿里山咖啡。館內設有多種體驗行程，如日出、賞櫻、觀星。

• 1913 阿里山舊事所

• 賓館內保留傳統日式
風格的房間

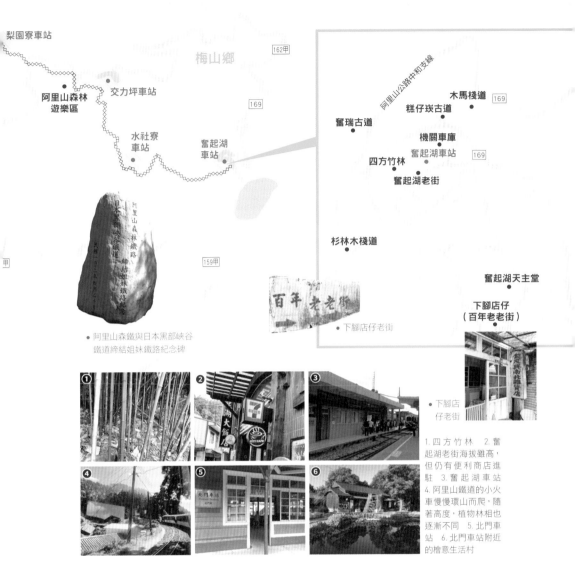

梨園寮車站

梅山鄉 162甲

169

阿里山森林
遊樂區

交力坪車站

阿里山公路中和支線

169

木馬棧道

糕仔崁古道

奮瑞古道

機關車庫

水社寮
車站

奮起湖
車站

奮起湖車站 169

四方竹林

奮起湖老街

159甲

杉林木棧道

奮起湖天主堂

百年老老街

下腳店仔
（百年老老街）

● 阿里山森林鐵與日本黑部峽谷
鐵道締結姐妹鐵路紀念碑

● 下腳店仔老街

● 下腳店
仔老街

1. 四方竹林　2.奮
起湖老街海拔雖高，
但仍有便利商店進
駐　3. 奮起湖車站
4.阿里山鐵道的小火
車慢慢環山而爬，隨
著高度，植物林相也
逐漸不同　5. 北門車
站　6. 北門車站附近
的檜意生活村

BONUS
延 伸 亮 點

隙頂風景區

　　要看阿里山雲海其實不用登到山頂，在半山腰的隙頂風景區，
就有機會山間披紗雲嵐。隙頂風景區海拔約 1000 公尺，正是茶樹
生長最適宜地區。每到下午時分霧嵐飄起，宛若仙境，身處其間，
不成神佛也半仙。碰到雲層更低的時候，不用攀上 800 公尺的步
道，光站在阿里山公路旁的觀景平台就可一覽無遺。

　　二延平步道是當地居民往來隙頂山與二延平山的農墾道路，從
入口處到山上觀景平台多為木棧階梯，兩旁儘是大片茶園，排列
整齊美觀，視野遼闊、景致絕美。

● 隙頂風景區步道群的美景

鐵路
小鎮

• 天燈在眾人的祈福
下冉冉上升

漫步新北平溪
天燈冉冉升起

• • •

>>見鎮歷史

　　平溪區在荷蘭人統治北台灣時，屬淡水地方會議區；明鄭時屬天興縣；清領時期分別隸屬於諸羅縣、淡水縣等。1886（清光緒12）年台灣建省，平溪屬石碇堡，分為「石底」及「十分寮」兩個地區。1920年，日本政府將石底和十分寮合併為「平溪庄」，設庄役場於平溪。1945年戰後改庄為鄉，即現今的平溪區。早期多以農耕為主的山區聚落，先民大多採集薯榔、樟腦及種植茶業等作物。

• 矗立在菁桐老街口的煤礦工人揉煤雕像，訴說過往採
　煤的地區特色

• 荒廢的台陽礦業降煤場

平溪煤礦

　　1907 年平溪庄首任庄長潘炳燭發現煤礦露頭，開啟了平溪鄉的黑金歲月，搖身一變成為一座繁華的山城小鎮。由於運煤的台陽礦業公司出資興建平溪線鐵道，從此牽動了將近一世紀的產業發展，也影響了當地居民的生活型態及整體環境氛圍，煤業最盛時，來此追夢者高達數萬人。

　　平溪豐富的礦產，蘊藏在「石底向斜軸」地層，根據〈平溪鄉誌〉記載：「其中北翼地層以菁桐坑附近的煤層最安定，延長約三公里；南翼則有石底逆斷層、十分寮逆斷層、文山番仔坑及大溪乾等三條局部斷層」。

　　礦業的興起，為山城帶來金流，也帶來大量的人流，除投資採礦外，也有生意人來此作買賣、做小吃、旅館業、雜貨店等，為當地居民便利的生活，也

• 日治時期的石底炭礦

1 2 1. 平溪線鐵路
2. 平溪線鐵路車廂內

帶來無限的商機。投資礦業的台陽公司為了穩定礦工的生活，也設置福利社、俱樂部、職員宿舍與礦工醫院，由此平溪鄉變為山中的現代化都會。

平溪線鐵路

石底煤礦，四面群山阻隔，初期派遣探勘的調查員即因此染病病故。當時台北炭礦面臨的抉擇是：架設空中索道？或興建鐵路？以運出煤炭。前者較簡易，但對地方的開發建設，並無直接貢獻。顏雲年毅然捨易就難，投下鉅資，興建「石底支線」，從宜蘭線分出至菁桐坑，全長 12.9 公里。1929 年總督府將之併購為官營鐵道，始稱「平溪線」，此段鐵路成為台灣礦業運輸史上，最具特色的運煤專用鐵路，即今平溪支線鐵路。

戰後由台鐵接收經營。1970 年代以前，此路線仍以蒸氣火車行駛，於 1971 ～ 1998 年改駛柴油普通車。由於煤礦減產、人口嚴重外流的影響，年年虧損，1989 年鐵路局曾計劃廢除平溪線營運，幸好經由地方人士極力爭取下，始得保留。1999 年 2 月，平溪線火車復駛，台鐵也同時引進最新型的柴油冷氣客車（編號 DR1000 型）作為觀光運輸用途。

目前平溪線沿途景致秀麗，坐擁蒼鬱山色與壯闊水文，加上礦業興盛時期所遺留下來的史蹟、充滿濃濃懷舊特色的老街，「平溪線小火車」已成為觀光客及鐵道迷的最愛。平溪線鐵路走過近百年歷史，完成階段性任務，其背後所隱藏的豐富文化，正是平溪觀光資源最大的寶藏。

>>見鎮魅力

天燈的國度

「天燈」儼然已是平溪的代名詞，從地方活動擴大到政府全力參與，從台灣揚名到國際。天燈不僅是平溪的最佳代言活動，也是台灣以傳統節慶文化躍上國際舞台。放天燈從地方性的民俗活動，晉升為「北天燈、南蜂炮」的台灣傳統節慶代表。並於 2008 年被美國 Discovery 旅遊頻道列為「世界第二大節慶嘉年華」的盛會，是平溪區的驕傲，更是台灣的驕傲。

平溪放天燈活動，一年更勝一年，遠從各地湧進的遊客不勝其數，幾乎快把整個平溪塞爆。會場外民眾也不讓大會專美於前，紛紛自行購買天燈，寫上自己的願望一起施放，但見裡裡外外、一批批天燈冉冉升空，彷彿是天燈的世界。「層巒疊翠，萬籟俱寂；寒月群山，千燈並起。」之絕妙意境，引來現場民眾一陣陣不約而同的讚嘆聲。

• 不知何時開始，天燈成了平溪的旅遊特色

• 天燈祈福

菁桐車站

來到菁桐車站，不要急著走出站外，好好的仔細欣賞這個車站。它建於 1929 年，至今已有 80 年歷史，為目前台灣少數僅存的典型木造車站之一。不論外觀或內部陳設尚保持原味原汁，站內保留著電器路牌、閉塞器、轉轍器、舊式車票箱等文物。2001 年獲選為文建會台灣歷史建築百景之一，排名第 77 名，2003 年列為市定古蹟。

• 菁桐站

• 日治時期以運煤為主的菁桐坑停車場

在 地 體 驗 的 故 事

放天燈

目前十分站前的那段鐵軌是大熱門，鐵路兩旁商店聚集，吃的、買的，更不乏「體驗放天燈」的店家應景而生。放天燈不必等到元宵暝，只要小火車駛離十分車站就有。

店家內外早已鋪好各式各樣各色的天燈，挑選完畢，寫好你的祝詞，就可以準備上路、走到鐵軌上體驗放天燈。不忙，上油、著火點燈，店家一手包。這時擺 POSE 照相最重要，把手機交給店家，照、照、照……，直到天燈鼓得飽飽的，才能放手而去，這時免不了又興奮地朝天空照了好幾張。

• 連外國人都慕名而來放天燈

菁桐礦業生活館

位在車站旁邊，原為台鐵員工宿舍，礦業興盛時期，菁桐車站編制員工11名。1963年將原來木造鐵路宿舍，改為現今磚造建築，礦業沒落後即閒置荒廢。2001年配合內政部營建署城鄉風貌改建計畫，經整修再利用空間作為展覽管之用；2002年經文建會選為地方文化館，定名為「菁桐礦業生活館」，設有主題展覽館、文化商品館、咖啡館及生活廣場等。

• 菁桐礦業生活館

十分瀑布

十分瀑布素有「台灣尼加拉瀑布」的美名，高20公尺、寬40公尺，是台灣規模最大的簾幕式瀑布，其形貌及岩層方向均與水流方向相反，與北美尼加拉瓜瀑布相似，因而得名。壯觀的景色被視為台灣地理景觀代表之一。

• 十分瀑布

當基隆河水流瞬間由20公尺的落差沖刷而下，氣勢磅礴，就像千軍萬馬奔騰駛來，隆隆水聲不絕於耳，激起的水霧就像一襲白色的薄紗，墜入一大片寬闊水潭，水氣經常瀰漫在水潭上方，經陽光照射，便呈現一道彩虹，璀璨奪目，令人感受到大自然神奇力量。

壺穴

• 壺穴景觀

「壺穴」也是平溪特殊景觀之一，壺穴景觀出現在每條溪谷、瀑布群下，以及河川會流口附近。其中以大華站附近的大華壺穴群最為可觀，目前由市府規劃為自然景觀保護區，此外，在眼鏡洞瀑布下、番仔坑土地公廟橋下，均有發達的壺穴地形。

十分車站

快到十分站前的那段鐵軌鋪設在馬路中央，這區段也就是所謂的「併用軌道」，很有生活感。沿線的居民、汽車，與平溪線的小小柴油車共用一條馬路，十分親熱的樣子。1991 年春天，我看了日本某部電視廣告〈天地有情〉才知道有這條併用鐵軌。這部廣告片是電影〈悲情城市〉導演侯孝賢所拍攝⋯⋯（米澤光敦，2007）

十分地區本是平溪鄉開發最早、規模最大的聚落，十分站是全線最大站，也是來往小火車的交會點。雖然列車往來頻繁，但十分站附近的居民早已習慣小火車貼近家門、緩緩駛過的生活。人們作息照常，每天在鐵道上穿梭自如，火車儼然成為他們生活的一部份，形成一幅有趣的畫面，一股悠然之情油然而生。

波麗士天燈派出所

波麗士天燈派出所其實就是位於菁桐老街入口的平溪分駐所，是全台唯一的天燈派出所。主體建築外觀打造成高 9 公尺、直徑 12 公尺的天燈球體，裝有近 20 萬顆 LED 燈，每晚每半個整點的光雕秀，吸引遊人駐足觀賞。並提供遊客施放「電子天燈」，遊客只要將祈願詞寫在特定的紙板上，交由位在二樓的店家處理，你就可在天燈球體大銀幕，看是你施放的天燈冉冉升空，環保無污染。

• 十分老街

• 波麗士天燈派出所

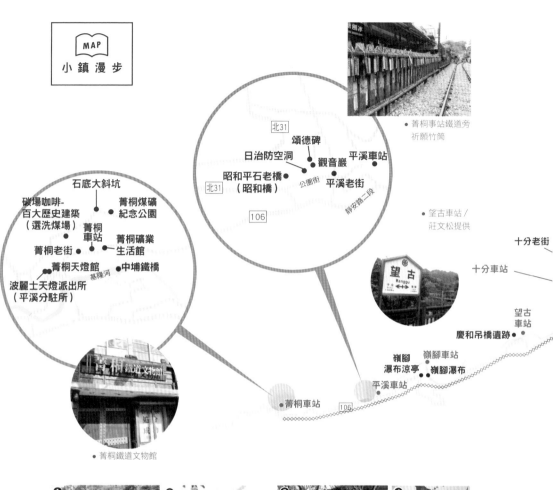

MAP 小鎮漫步

北31

頌德碑

日治防空洞   觀音巖   平溪車站

昭和平石老橋   ●   ●
（昭和橋）   公園街   平溪老街
北31

106

靜安路二段

石底大斜坑

碳場咖啡-
百大歷史建築   菁桐煤礦
（選洗煤場）   紀念公園
菁桐
菁桐老街   車站   菁桐礦業
生活館
菁桐天燈館   ●中埔鐵橋
基隆河
波麗士天燈派出所
（平溪分駐所）

● 菁桐事站鐵道旁
祈願竹筒

● 望古車站／
莊文松提供

十分老街

十分車站

望古
車站

慶和吊橋遺跡 ●

嶺腳   嶺腳車站
瀑布涼亭   嶺腳瀑布

平溪車站

菁桐車站   106

● 菁桐鐵道文物館

1. 菁桐車站外展示的運煤小火車　2. 菁桐車站　3. 菁桐礦業生活館　4. 十分老街的店家大多以天燈為裝飾　5. 平溪放天燈　6. 連外國人都來放天燈　7. 十分老街

猴硐車站

基隆河

三貂嶺車站

102

● 猴硐的貓咪

大華
車站

基隆河

十分
瀑布

靜安吊橋

6

猴硐貓村招財貓本舖

● 十分瀑布

102

● 猴硐貓村中
的店舖招牌

● 十分瀑布步道

● 猴硐的貓咪

BONUS

延 伸 亮 點

貓城猴硐

　　猴硐，曾經台灣的產煤地，盛極一時的瑞三煤礦即設址於此，它也是採金熱潮的起源地，來訪貓城的遊客一定要穿過橫跨新建的鐵道天橋，因為這聯外天橋，是通往貓天堂光復里唯一的路徑，創意的通道讓這貓樂園更增添神祕色彩。天橋就像時光隧道，通往都市看不到的景觀，帶你進入奇妙的貓國度。

● 猴硐貓村的貓

● 迎賓貓

鐵路
小鎮

• 內灣車站

漫步新竹內灣
一覽老街戲院

• • •

>>見鎮歷史

　　橫山鄉的油羅溪是新竹頭前溪的上游，溪水一彎，迂迴轉折過內灣小村莊，內灣早期向為平地人到尖石的門戶。戰後，從新竹市到內灣鋪設內灣支線鐵路，運貨載客並行，交通堪稱便捷。小鎮春來遍野山櫻怒放、初夏螢火點點，秋到楓紅滿山，冬日裡，油羅溪畔流水潺聲，述不盡春去秋來的花看水影。一竿垂釣，十分趣味，被列為新竹縣八景之一「內灣垂釣」。

　　內灣曾經是新竹山區一顆閃亮的明珠，早期它

1. 通車紀念碑　　1
2. 油羅溪　　　　2

• 六家線鐵路

是油羅溪上游木材的集散地，1956 年起又出現了開採煤礦的人潮，1970 年代林場及礦業沒落後，曲終人散，內灣回歸純樸和閒靜。

>>見鎮魅力

內灣線鐵路

　　本來設計為運煤鐵道的內灣線，早在 1944（日昭和 19）年就已動工興建，但後來因太平洋戰事吃緊而作罷。戰後為了開發竹東工業區，於 1946 年修建新竹到竹東的「竹東支線」，以運輸沿途水泥、玻璃原料與製品，及木材、茶葉等。1950 年又因石灰石的開採，延伸至合興，從此開啟了

• 六家線與內灣線的轉車站：竹中站

數十年「灰頭土臉」的歲月。後來又因煤礦的開採，1951 年到達內灣。總長 27.9 公里，是國府在台興建完成的第一條鐵路。

　　內灣線是國內三條支線最年輕的一條，它原先的起點是新竹火車站，但後來改在竹東站發車，最近又因高鐵與台鐵新竹站的接駁，興建了「六家線」，六家線與內灣線從新竹站到竹中站重疊，即過了竹中站後分叉，各奔東西，所以若由高鐵新竹站或由台鐵新竹站前往內灣，都需要在竹中站換車。

內灣車站

　　內灣站是鐵路最末端的小站，矗立在一大排石階上，站房是方形水泥建築，其右側有一座「內灣線通車紀念碑」。車站四周是低矮的民宅

• 內灣車站

環繞，洋溢著令人懷念的小鎮風味。若秋末來訪，站前遠方山上楓紅點點，在油羅溪水的映照下，詩意無限。

2012 年 8 月，從新竹竹東開往內灣的彩繪火車班班客滿。當旅客從內灣車站出站時，「大嬸婆」乘坐火車的大型浮雕壁畫早已在車站廣場笑臉迎賓了。

> 彩雲瀰漫櫻花開，火車遨遊賽神仙；
> 大嬸婆婆來作伴，世外桃源在內灣。

在日治時期，內灣便有「櫻花部落」的雅稱。日本人發現內灣氣候和日本九州相似，於是引進吉野櫻、八重櫻等櫻花品種在內灣栽種。目前位於內灣車站廣場後方的內灣派出所周圍，還可看到高齡的櫻花樹，每年春天 3、4 月開花。

合興站

在鐵道迷心目中，合興站的名氣十分響亮，「折返式車站」在鐵道設計上有其特殊之處，原是單線鐵道行經陡坡時，為避免列車下滑，會在會

車時駛進月台另一側等候的設計。來此徜徉的旅客，內行看門道，外行看熱鬧，可以憑弔瀕臨消失的鐵道文化風景。

野薑花粽

　　秋日時分，油羅溪畔長滿了野薑花，那濃郁、辛辣的味道，混雜著青草、泥土的氣息，讓人不由得多吸兩口。它原是鄉間溪岸、埤塘或濕地附近，隨處可見的野生植物，在內灣卻搖身一變成為粽子的靈魂。粽子融入野薑花香，成為道地的內灣之味。

　　野薑花被選為內灣之花，野薑花粽成為內灣最具代表性的小吃。這裡的婦女們都會包粽賺取菜錢，不論是受僱於粽店、兼差幫忙，或自製販賣，客家婆婆媽媽們總動員投入包粽手工業，這是別的地方看不到的內灣風情。婆婆媽媽們綁著客家花布頭巾、兜著圍裙，排排坐在門庭騎樓前包粽。老街的古早味，俐落的包粽身影，那畫面是溫暖、親切的家常。

• 合興站

內灣老街

內灣車站前一條不及 300 公尺長的小街市，所有原本的住宅人家全改弦易轍的變成商店，野薑花粽、客家小吃、古早童玩、小飾品、青草茶等，所有客家美食全都一一出籠。走在小街市，目不暇給五顏六色的「復古」氛圍。

站前街市最能表現客家飲食文化，其中，日產數萬顆的野薑花粽倒成了小吃街裡最大的賣點，三五步路就有一家店張掛著野薑花粽的招牌，爭奇鬥豔。

內灣戲院

位於老街一隅的內灣戲院，建於 1950 年。當時由於林場工人為數眾多，而在這偏遠的山區小鎮，又無任何消遣、娛樂活動，於是業主出資蓋了這座戲院，不僅提供林工們排遣工作疲憊、抒發情緒，同時也造福鄉民。

內灣戲院是由竹東泥水師傅范進發所建，大跨距的屋架採用組合方式，歷經 50 多年的風吹雨打後，仍保持著相當完整之最初樣貌。古樸的日式建築場景配合內灣街市的純樸樣貌，吸引了許多國片，如〈多桑〉、〈春秋茶室〉、〈黑皮與白牙〉等以此為拍攝場景。

• 內灣戲院

• 內灣戲院內餐廳

• 內灣老街

• 油羅溪

油羅溪

　　油羅溪寬約 100 公尺，從公路俯瞰寬敞的河床、清澈的溪水、翠綠的林野，似飄渺的仙境。溪床上共橫懸著 5 座吊橋，久來，內灣素以吊橋聞名。吊橋下的溪畔淺處可以抓蝦、摸蟹，深處可以游泳；沙灘可以露營、烤肉，是假日郊遊的絕佳去處。

　　油羅溪畔與內灣小街曾是電影〈就是溜溜的她〉的拍攝取景地，男女主角鍾鎮濤與江玲成天漫遊在內灣小鎮，充分的將內灣水水的美景表露無遺，一時間讓許多人見識到內灣的美，也看到台灣山林溪壑的飄逸。蕉雨半窗，內灣的美忽然讓人驚艷起來，人潮也隨後多了起來。

內灣吊橋

　　內灣最著名的風景意象就是橫跨油羅溪上的內灣吊橋，有別於其他各地的吊橋，最大特色是立於河床上的兩座大橋墩，所以看起來頗有安全踏實感。其實內灣一帶吊橋共有三座，分別在內灣吊橋的上、下游處，名為北角吊橋及攀龍吊橋。

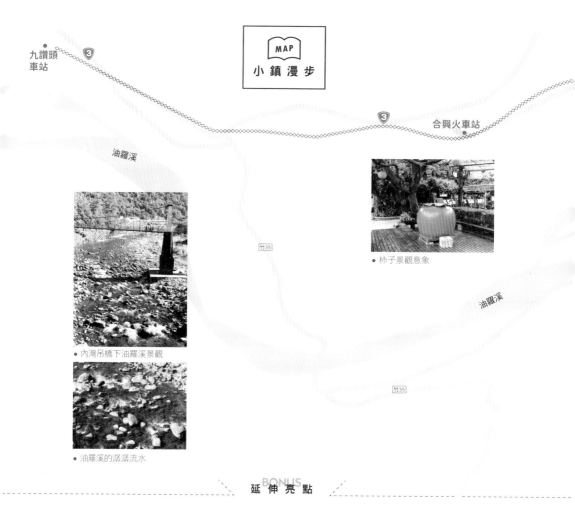

九讚頭
車站

③

小鎮漫步
MAP

③ 合興火車站

油羅溪

柿子景觀意象

油羅溪

竹35

竹35

● 內灣吊橋下油羅溪景觀

● 油羅溪的潺潺流水

BONUS
延 伸 亮 點

尖石鄉青蛙石步道

　　根據新竹縣誌記載，泰雅族語叫「那羅」的尖石鄉錦屏村，是新竹八景12勝中最為人們津津樂道的原鄉部落。所謂「錦屏觀櫻」，意指每到春天來臨，錦屏村便群山遍野開滿粉紅山櫻花，花瓣在寒風中，英挺的點綴著那羅成為不折不扣的櫻花小鎮；偶來晨霧，霧裡朦朧更顯櫻枝搖曳的百般景致，美不勝收。（陳銘磻，2007）

　　青蛙石天空步道於於錦屏道路上，這是2018年才開放遊客遊覽的新景點，站在懸空的玻璃觀景平台，近距離欣賞40公尺壯麗的青蛙石瀑布。

好客新埔、黃金新柿鎮

　　九降風吹起，柿子紅了，也該來新埔走走。每年9～12月是柿餅產收季節，在新埔小鎮處處可見黃澄澄壯觀畫面。柿子在強勁的九降風與充足的陽光下，經過一週的風乾日曬後，搖身一變為風味甘甜的柿餅。

富貴火車站

內山公路

光復路

木馬道遺址

內灣老街
內灣戲院

內灣車站

中正路

青蛙石步道青蛙意象

漫畫家劉興欽筆下的
著名漫畫人物大嬸婆

油羅溪

南坪古道

內灣吊橋

1. 內灣老街　2. 內灣老街販賣的冰品　3. 老街販售的柿餅　4. 內灣吊橋　5. 內灣戲院　6. 內灣線彩繪列車車廂內　7. 內灣線
彩繪列車車廂　8. 結滿果實的柿子樹

山城小鎮

漫步高雄旗山，糖鐵香蕉王國，一旗一會

漫步桃園大溪，老街四通八達

漫步花蓮林田山，摩里沙卡

• 林田山林業鐵道遺產

山城
小鎮

• 旗山車站的糖果屋
造型，已是旗山的
著名地標之一

漫步高雄旗山
糖鐵香蕉王國，一旗一會

• • •

≫見鎮歷史

　　旗山、內門一帶，古稱「羅漢門」，在內門區嶺頂有一座天然石門，石
門之南稱為「羅漢門外庄」，即今日旗山區一帶；以北稱「羅漢門內庄」，
即今內門區。旗山古稱「蕃薯寮街」，西依丘陵，東臨楠梓仙溪，街市建
於溪畔平原之上，早年以製糖業起家，如今尚留有旗山糖廠，後以盛產香
蕉，外銷日本而聲名大噪。

　　旗山住民多半在日治時期才來此
定居，平均不過三代。曾擔任旗山鎮
長郭錦河說著：「旗山是過客的天堂，
這裡是移民的社會，外來人佔 80% 以
上。」難怪會有「旗山媽祖疼外人」
的諺語流傳。旗山是台灣各族群融合

• 旗山車站糖鐵故事館，留下旗山糖業的
一頁歷史

最好的縮影與典範。君不見旗山南邊溪州的百年福佬三合院，北邊圓潭則是客家人的聚落，而少數的原住民魯凱族、布農族也散居附近部落。

>>見鎮魅力

香蕉王國

香蕉王國是旗山鎮過去半世紀來的輝煌指標，現在它仍擁有全台最大的香蕉園，固守香蕉王國的城堡。香蕉成為首要作物應是在民國的 50 年代。1963～1968 年是台蕉外銷日本的全盛時代，台蕉外銷日本賺取可觀的外匯。在那段風光的日子，滿山遍野綠油油的香蕉，就像滿坑滿谷的綠金一樣。一個原本籍籍無名的小山城，頓時成為全國家喻戶曉的「香蕉王國」。

• 旗山蕉近年成為文創產業的代表之一

在 地 創 生 的 故 事

魔法阿嬤：常美冰店

旗山區說到枝仔冰，莫不想著枝仔冰城，但另一個系出同源（同父異母兄弟）的旗山芋仔冰老店也不遑多讓。自 1945 年經營至今，現仍由其配偶 80 多歲、人稱「魔法阿嬤」的郭常美掌管。阿嬤把冰店管理得有條不紊，且鴻圖大展，就在旗山地區展店了好幾間，如設在文中路的老店、延平路新店，更在美濃龍肚開了一間全台獨一無二的別墅型的冰店，內有停車場、水池、園藝設施。畢竟年紀大了，分身乏術，在外曾任華航經理的兒子及在高雄市立民生醫院擔任護理長的媳婦、擔任導演的第三代紛紛歸隊，加入新元素，讓魔法阿嬤的店更加輝煌燦爛。

• 魔法阿嬤在美濃龍肚的別墅型新店

旗山車站

　　老車站依舊用鋼棚支撐，在兩棵火焰樹的伴護下，矗立於街頭的空地上。只是風吹日曬著，披著八角錐頂的舊帆布變得汙穢，徒增站房的滄桑。（劉克襄，2003）全台尚存的糖廠車站中，大概以旗山這一座，堪稱精緻小巧之最，像極了令小孩垂涎的糖果屋，即是在所有幹線鐵道史上，也不曾出現過如此酷似童話小屋的車站建築。

　　旗尾線的糖鐵五分車，開啟番薯寮對外交通的新紀元，停車場周邊成為帶動人潮進出的核心。糖廠小火車站位在中山路與復興路交叉口，建於 1912（日大正元）年，於 1978 年停駛，1982 年拆除全線鐵軌，只剩下小火車站孤零零的站在歷史座標上。車站站體是融合維多利亞及哥德復古式樣的木造與磚造都鐸式風格建築；站體一邊是高出屋脊的八腳錐體尖塔，其下空間正是昔日的候車室；右邊為一三角型山牆；屋頂石綿瓦採對角線及鱗片式組合，使得整個車站，雖然小巧但顯得輕鬆活潑的節感，造型典雅，活像童話故事裡的可愛小城堡。

　　曾於 2001 年文建會票選全國百景活動第 16 名，2005 年，旗山火車站登錄為歷史建築，且獲得台糖公司無償捐贈站屋後，於 2009 年 3 月修復完工，旗山火車站迄今已有近百年歷史。

天后宮

　　旗山人的信仰中心天后宮建於 1816（清嘉慶 21）年，至今已有 200 年歷史，是旗山最古老的建築，被列為高雄市定古蹟。建築座西朝東，呈閩南風格，兩進兩廂房的廟宇建築，石材、雕飾古樸簡雅。

1. 旗山天后宮　2. 旗山車站的懷舊糖鐵五分車　3. 旗山天后宮正殿

- 已被列為古蹟的旗山國小
  大禮堂
- 已被列為古蹟的旗山國小
  第一棟校舍
- 旗山的武德殿

旗山國小

旗山國小建於 1920（日大正 9）年，當時稱為「旗山公學校」，專供本地人就讀。石拱圈校舍，一樓圓拱、二樓平拱，造型優美，現尚留存著，是非常難得、優雅的歷史建築。

大禮堂建於 1935 年，正面山牆具羅馬建築風格，內部施工細緻開闊，正面氣窗雙連拱，外觀氣派優雅。而新建的校舍刻意與舊校舍保持距離，新舊輝映，非常具有特色，而非一般學校。旗山國小擁有的豐富歷史資源，非僅建築物本身及所在地理環境的自然景觀，更包含了許多重要的文件史料及各種歷史文物，非但深植旗山人們的心中，更具當地文化特色及價值。

舊鼓山國小

隔鄰的「鼓山國小」建於 1933（日昭和 8）年，是日治時期的「蕃薯寮尋常小學」，專收日本學童。校區內尚有禮堂、辦公室及北棟教室等三

棟歷史建築，具有典雅的日式建築風格，二樓的 13 面拱窗跟外圍的大葉欖仁、天空結合成一幅風景畫。

進入校門，迎面而來的禮堂，落成於 1912（日大正元）年。由渾厚的石柱砌成三連圓拱，撐起木造交錯的山形牆面，綴飾兩扇半圓形小窗，古樸典雅，是旗山街最主要的公共講堂。鼓山國小的禮堂及北棟教室已被列為市定古蹟。2001 年，鼓山國小遷校後，陸續進行古蹟校舍整修及景觀工程，期盼古蹟再現新生命，成為社區居民的另一生活空間，即「旗山生活文化園區」，後經地震重新修復活化。

武德殿

武德殿建於 1934（日昭和 9）年，為仿唐式和日本和式建築，外觀典雅莊嚴，整體結構為 RC 加強磚造壁體和樑柱，搭配黑色屋瓦，整個建築屋基抬高，基層設有防潮通氣孔，頗具特色。1995 年 10 月，一場無名火使它付之一炬，燒毀木質部分。現已重新修復成為旗山文化廣場。

1 | 2
3

1. 旗山枝仔冰城
2. 老街擁有全台唯一的石拱亭仔腳
3. 旗山老街

旗山老街

車站旁賣當歸鴨肉，不斷地飄送香味，其實，從當歸鴨肉店起就是旗山老街，鼎鼎大名的石塊砌成的拱型走廊就從這裡開始。早年，旗山東邊的旗尾山，是玉山山脈最南邊尾端的小山，周遭山陵多砂岩石塊，當時的日本官廳，因地制宜，運來這些砂石塊，砌成石敦用的方形石材，企圖興建一條充滿藝術氣息又具本地風味的街道，於是形成台灣獨特的石頭亭仔腳景觀。

可惜，當年沿著中山路迤邐而上，展現異域風貌的石柱街景，為了拓寬街道，多半已被拆除，如今只剩下在中山路與復興路交會處的一小段。但儘管石柱不再，取而代之猶然屹立在中山路上，抖擻地以巴洛克式立面造型的，紅磚二層樓牌樓厝臨街對峙。努力地保存著當年番薯寮老街的古意風貌。

旗山枝仔冰城

「旗山小孩是吃枝仔冰長大的」，很多旗山人都這樣説著。老街上的「枝仔冰城」位在醒目的轉角處，一樓為

外帶區，二樓是用餐區。以香蕉清冰變化出各種口味的冰品，綿密細緻類似雪花冰的口感，香甜的滋味再加上創意。店內最熱門暢銷的產品是造型可愛的香蕉雪糕。

中山公園

鼓山與東邊的旗尾山隔著楠梓仙溪遙遙相望，形成「旗鼓對峙」的獨特地理形勢，鼓山海拔僅 200 多公尺，但登臨鼓山，整個旗山平疇沃野、四周秀麗山川，盡收眼底，尤其旗山市區屋舍的紅色屋頂，宛如來到捷克。

1936（日昭和 11）年，日本在公園內闢建「旗山神社」，在登山石階步道兩旁，尚有櫛比鱗次的石燈籠基座，為神社前的大鳥居及燈籠，於戰後皆被剷除。後來該地以及滿山的相思林地也被砍伐殆盡，用來改建號稱所謂的全國最大的孔廟。

常美冰店

中山公園
（神社遺址）

MAP
小鎮漫步

旗山生活
文化園區

旗山國小

旗山枝仔冰城總店

華中街

武德殿

旗山老街
（拱型走廊）

永福街

天后宮

楠梓仙

美濃田園景色

旗山溪

旗山聖若瑟
天主堂

永平街

旗山車站
（糖鐵故事館）

復新東街

石頭護岸

旗山碾米廠

1.旗山天后宮　2.石拱亭仔腳　3.旗山中山公園　4.到魔法阿嬤吃冰的客人，一面吃冰，一面可欣賞綠意　5.老街上仿巴洛克式建築的店面　6.老街上仿巴洛克建築裝飾立面　7.旗山武德殿前　8.旗山武德殿前的石拱門

BONUS
延伸亮點

美濃山下

這一山連一山的「美濃山下」，確也風情萬種。在春夏的晴空，山景朗朗歷歷；夏秋嚮午，雷陣雨後的清涼悠閒；冬春清晨，時有縷縷繞繞的青煙徘徊，在多日霽雨後，總是披上一肩銀帶；暮色漸次安息的餘暉，向晚光掩映下，束手而立的山谷；總是令人屏息，不忍離去。

不管哪個時節，沿著山腳下而行，總會有「悠然見南山」的感覺，美濃人會說：「行上行下，毋當美濃山下」。美濃歌手林生祥不也詠出：

一山來連一片山，美濃山下好山光；
田坵一坵過一坵，美濃山下好所在。

• 大漢溪

漫步桃園大溪
老街四通八達

• • • •

>> 見鎮歷史

　　大溪原為平埔族與泰雅族居地，外圍有大漢溪流貫，位處山區和平地的交會點。昔稱「大姑崁」或「大姑陷」，源自凱達格蘭族霄裡社人稱大漢溪為TAKOHAM 之音譯，有「大水」之意。大溪開發甚早，在乾隆年間就有漳州人陸續來此開墾。1818（清嘉慶 23）年，「林本源」家族因漳泉分類械鬥，由新莊領導族人遷居大溪，從而奠定了大溪的農業發展基礎。

• 順石板古道而下，
　就是舊時的碼頭

　　1886（清光緒 12）年，劉銘傳積極開山撫番，設撫墾局、腦務總局於大溪，市街與墾務又逐漸發展起來。大溪具有舟楫之利，大溪也因大漢溪而成為商貿往來的交通樞紐，不僅古道四通八達，茶、樟腦、木材等重要

物質，經由大漢溪運送至上述等地，成為北台灣重要的河運據點。

　　　　　飄搖幅幅似張弓，欸乃聲催兩岸風。

　　　　　點指石門明滅裡，大溪景似圖畫中。

　　　　　　　　　　　　　　　——溫武卿，〈崁津歸帆〉

　　崁津歸帆是「大溪八景」之一，「崁津」意指大料崁溪（大漢溪）碼頭，在碼頭上可看見許多船隻從下游的淡水、大稻埕、新莊和艋舺等地卸貨返航的風景，意境之美超乎想像。

≫見鎮魅力

　　2018 年旅宿平台 Airbnb 公布 2019 年最受歡迎的 19 大熱門旅遊目的地，台灣躍升為國內外旅客珍藏的「心願旅遊目的地」之一，大溪、玉井及台東成為最大亮點。根據 Airbnb 分析指出，非傳統觀光熱點的特色小鎮成長幅度十分突出，以桃園大溪為例，老街及茶廠在內的多樣歷史文化與美食景點，受到眾多旅客的喜愛。

大溪老街

　　在台灣談到「老街」，大溪老街不能不談，它是台灣老街中最風光的一條。巴洛克式豪華的牌樓立面，山牆裝飾之華麗繁複，也以大溪老街為

• 大溪和平老街

最。大溪老街係指多條街道構成的面狀街區，包括和平路（木器街）、中山路（名流雅士住宅區）、中央路（打鐵街）等。

1919（日大正 8）年，大溪實施市區改正，拓寬道路，要求街上店家，將臨街的店屋門面、山牆予以美化，於是請來匠師，竭盡其能，將各種吉祥造型加諸於山牆立面。據說，當時的匠師為了出奇制勝，製作期間還用帆布遮蓋，以免作品遭到模仿，足見其用心良苦。這些構圖繁複華麗的浮雕裝飾，由於保存完整，遂成為大溪彌足珍貴的文化資產。

和平老街

如今所提到的大溪老街，一般多指「和平老街」。清領時期的和平路只是一條寬的 2 公人的碎石牛車路，兩旁盡是土角厝和草厝，拜河運暢旺之賜，和平路因靠近碼頭，得地利之便，油車、碾米、打鐵、娛樂等行業蓬勃發展，極盛時期約有 300 多家商店聚集。

品香世家：大溪豆干

豆干幾乎和大溪畫上等號，來大溪的遊客莫不人手一包大溪豆干。目前創新研發非基因改造、不添加防腐劑的豆干，放心買、安心吃，而且口

• 和平老街

• 和平老街建築裝飾立面

• 壹號館原是大溪國小的日式宿舍，
  重修後成為第一棟的大溪木藝生態
  博物館

• 大溪武德殿

壹號館

　　壹號館是大溪國小的日式宿舍，興建於 1920 年代的高架平房建築，曾為大溪國小的校長宿舍。2007 年登錄為桃園縣歷史建築，由文化局接管後，成為大溪木藝生態博物館第一棟修繕開放空間，也因此被稱為「壹號館」。

武德殿

　　武德殿落成於 1935（日昭和 10）年，二戰前，日人提倡武士道精神，因而在各地修建武德殿，以供警察與青年子弟練習柔道、劍道。1950 年，大溪公會堂被改成蔣介石行館，增設大溪憲兵隊，即以武德殿為憲兵營舍；2000 年部隊撤除後，重修武德殿，屋頂仍保持原有的木架構與青銅裝飾，2004 年登錄為桃園縣歷史建築，2015 年成為桃園市立大溪木藝生態博物館館舍之一，以作為特展展示空間。

<table>
<tr><td>1</td><td>2</td></tr>
<tr><td></td><td>3</td></tr>
</table>

1. 中山路老街的仿巴洛克式建築
2. 中山老街的建築裝飾立面
3. 中山老街的蘭室，是「108 年度古蹟歷史建築紀念建築管理維護評鑑」優良獎之一的老屋

感甘醇、香氣四溢、回甘入味。

　　阿公黃大目堪稱大溪最知名的豆干老店創始人，日治時期，黃大目以焦糖滷製黑豆干，風味佳，大受歡迎。第三代傳人黃文智現已 80 歲，雖已傳續至第五代，他至今仍在店裡導覽豆腐 DIY 體驗，十足見證大溪豆干發展的活字典。

中山路老街

　　這街道在日治時期可說是「高級住宅區」，以大穹隆圓頂震懾人心的建成商行，當能登上炫富的豪宅排行榜。街道兩旁的牌樓立面較具濃厚的西方風格，保存的老屋數量較少，但以歷史建築建成商行最具代表性。夕陽西下時，漫步中山老街，充滿寧靜與優雅氛圍。

在 地 創 生 的 故 事

新南一二文創實驗商行

　　一群在地年青人在新南街的建成商行，催生出大溪第一個手作市集。後來買下待價而沽的老屋「燕居」。位在中山路老街的燕居，來歷不小，由梅鶴山莊林登雲家族所建。經過一年半時間完成整修工程。

　　新南一二文創實驗商行主人之一的錘佩林說，這裡是屬於大家的空間，透過每個人的專長，利用在地元素創造出不一樣的大溪新風貌。（張倫，2018）

1 | 3
2 |

1. 中山老街的新南 12 文創實驗商行
2. 新南一二文創實驗商行
3. 新南 12 文創實驗商行內的天井逅書

• 大慶洞

大溪木藝生態博物館

　　山林裡的木料沿著大漢溪順流而下，匯聚於大溪。晚清時期，許多富賈、望族在大溪興建家宅，並聘請來自福建的唐山木藝師傅渡海來台，從建築樑棟的大木工程到細木家具一手包辦，這些唐山師傅的巧手，為大溪木藝奠定技藝傳承的根基。

　　1960 年代台灣經濟起飛，大溪木器產業發展鼎盛，光是和平路上就有 50～60 家木器店，直到 1990 年代，經濟不景氣，加上東南亞低價來台傾銷，整體木器產業受到嚴重衝擊。但大溪的木器產業經過百年累積，創造了豐富的有形與無形文化資產，進入大溪就是走進一座博物館。大溪既是生活的場域，也是教育的場域，大溪木藝生態博物館是一座展演大溪生活魅力的博物館。

石板古道・大慶洞

　　石板古道一頭連接著和平老街，一

• 大溪木藝生態博物館

頭則是熱鬧的大溪碼頭，而古道盡頭就是大慶洞門。貨物運送全靠挑夫荷物走上數百階的「之」字形石板道，在轉彎處成摺扇狀，降低每階的高度，以減輕挑夫苦力爬坡之苦。1903 年，桃園至大溪輕便車道完成後，大溪水運沒落，桅檣林立的勝景不再。石門水庫完工後，大部分的溪水不再經過，溪床裸岩紋理歷歷在目，如今走在這條仍保存著原始風貌的石板古道，能不緬懷大溪當年的風光歲月。

大溪橋

　　1934（日昭和 9）年，大溪橋完工，是一座全長 280 公尺典雅的鐵線吊橋，橋上鋪有輕便鐵道。戰後，改建成水泥橋，是台 3 線省道的重要橋樑之一。1994 年，另建武嶺橋取代大溪橋。2004年完成大溪橋的美化工程，呈現仿歐洲城堡建築、鋼索吊橋的華麗風貌。

1、2. 大溪橋
3. 大溪長老教會
4. 大溪藝文之家

大溪中正公園

　　大溪公園原稱「崁津公園」，今名「中正公園」，建於1929（日昭和4）年，當時日人並在公園內建有大溪神社、忠魂碑、相撲場及公會堂。園內古木參天，綠意盎然，曾於1920年代票選為全台12勝景之一。

　　1930（日昭和5）年，日本人在公園內設置忠魂碑。戰後，同地遺址被改建成復興亭，但基座仍在；其旁的相撲場也被為蓮花池。現今緊接其旁的是陀螺廣場，大溪玩陀螺已有多年歷史，也玩出了全國名號。

大溪藝文之家

　　原是建於1932年的大溪公會堂，是提供民眾聚會活動場所。戰後，為蔣介石總統相中，改為「蔣公行館」，1978年改成「蔣公紀念館」對外開放，以展示蔣介石夫婦文物為主。2005年改為「大溪藝文之家」重新對外開放，成為藝文活動展演場所，作為歷史建築活化再利用的方式再生。

大溪長老教會

　　馬偕的足跡遍及北台，1873年初訪大溪宣教，即想在大溪尋覓可傳福音的處所，直到1889年才在和平老街附近成立大溪長老教會。1993年教友募款購得普濟路上土地，1997年完成現今教會建築。建築主體極具歐風味道，尖塔外型結合紅磚外牆，是國內少見的典型哥德式尖塔建築，是大溪的特色建築之一。

石板古道
大慶洞
渡船頭遺址
黃氏家廟
福仁宮
江氏家廟
和平路（木器街）
大溪老街
月眉古道
● 大溪名產豆干

MAP
小鎮漫步

大漢溪
大溪橋

大溪長老教會
黃大目豆干
慈康陸橋
游記百年油飯
品香世家（大溪豆乾）

大溪中正公園
壹號館-
大溪木藝生態博物
林本源
發祥地

● 中山老街盡頭的古井古蹟

中正路

新南一二
文創實驗商行
中山老街古井
中山路（名流雅士住宅區）
大溪藝文之家
（公會堂、蔣公行館）
中山老街蘭室
武德殿-
大溪木藝生態博物（打鐵街）

● 大溪公園內的陀螺公共裝飾

1. 大漢溪　2. 大溪橋　3. 大溪老街　4. 大慶洞　5. 位於中山老街的蘭室　6. 位於中山老街的燕居，現已成為「新南12文創實驗商行」　7. 中山老街的建築裝飾立面　8. 很多大溪豆干品牌就在老街老屋內

延伸亮點

大溪慈湖

　　慈湖原稱埤尾，因鄰百吉隧道出口又稱「洞口」，先總統熱愛此地景致酷似故鄉奉化，為思念母親王太夫人，於1962年改名為「慈湖」。早年因軍事管制，保留了相當的原始森風貌，前、後慈湖了生態環境豐富，林木茂盛又有神秘與清幽的氣息，每逢秋冬之際，楓葉染紅了山頭更是美麗。靜謐的後慈湖，湖水映照著山巒，美得撼人心弦，岸邊筆直的檸檬桉，聽說是蔣夫人由澳洲移植過來的。

　　收集自全台各地的蔣介石雕像集於一處，慈湖紀念雕塑公園蔚為特色。慈湖遊客服務

● 慈湖園區

● 慈湖內林木蒼翠的步道

中心是古色古香的閩南式建築，陳列兩蔣時期豐富的文物展覽與歷史影片介紹，還有各種兩蔣紀念品供遊客選購。

山城
小鎮

• 林田山林業文化園區

漫步花蓮林田山
摩里沙卡

• • •

≫見鎮歷史

　　林田山原名「摩里沙卡」，是森坂的日語發音，這個離花蓮市約40公里，隱身在中央山脈的山腳下，因木材而繁華的小山城，是台灣早年的四大林場之一。日治時期因日本人在附近的萬里溪發現溫泉，進而將泉水引進修建旅社經營，1039年開始探採紙漿原料，開啟了林業的經營管理。

　　1960年代，林田山伐木全盛時期，摩里沙卡聚集了約500戶人家，約有2000多人在此生活，熱鬧的景況有如東部的「小九份」，也設置了林場員工子弟就學的森榮國小及幼稚園、每週免費放映2、3場電影的中山堂等。

1. 日治時期的鹽水港
   製糖株式會社花蓮
   港製糖所大和工
   場，戰後改為台糖
   花蓮糖廠
2. 日治時期鳳林郡管
   內圖中的林田山

　　林場裡堆積如山的原木，散發淡淡的檜木香氣瀰漫著整座山谷；山區伐木場的集材機不停地運轉，拾階而建的日式魚鱗黑瓦房，濃烈的和風建築，遺世獨立在山間；加藤式「蹦蹦車」拖著粗大的原木在山區川流不息，呼嘯的「流籠」夾雜著伐木工人的吆喝以及低吼沉重的鏈鋸聲，此起彼落地盤旋迴盪在山谷間。

　　1987年，因林業政策改變，伐木終止後，林場人去樓空，唯砍伐聲雖已遠去，區內仍保留完整的伐木聚落。林場懷舊館、木雕館、林業生活館等，現均已開放給遊客參觀，有如一座活的林業博物館，為「東台灣的林業開發史」留下歷史的見證。

1
—
2

1. 林田山林場遺留的鐵道
2. 林田山林場伐木機具遺產

林田山林業文化園區

　　林田山有股無可抗拒的吸引力，其吸引力的源頭，緣起於 70 多年悠遠歷史所散發出一種特別的林業人文所產生的動人力量。正因這種儺人的力量，林田山林場近百年來的轉變，如何從過去的繁華榮景，因林業政策的改變趨至沒落，再由社區總體營造概念，轉化成為保存林業文化資產為目標，積極推動社區林業計畫，試圖利用另外一種的內涵方式，使沉寂已久的林田山風華再現。

滿妹豬腳

　　位於萬榮車站旁的「滿妹豬腳」，被花蓮縣政府列為地方特色小吃。開店多年，每天都有絡繹不絕的客人，豬腳、大腸是店裡的招牌菜。香 Q 帶勁、口感佳且吃不膩的豬腳，全都是滿妹多年來的研究心得。

• 滿妹豬腳特色小吃

林業文物展示館

林業文物展示館原是放置林場工作機具的倉庫,後來閒置空間再利用,改裝成林業文物展示館,陳列展示台灣東部的林業文化資產。

林場懷舊館

林場懷舊館呈現林場聚落生活映像,此建築往昔是林場員工與眷屬的交誼廳,現仍保留魚鱗黑瓦的傳統外觀,內部則以立體模型與視聽影像,營造出林場過去的生活場景,讓遊客彷彿穿梭時空一般,窺視當年林田山林場的聚落全貌。

日式住宅區

日式宿舍規模大而完整,依階級錯落在山坡之間,建於山坡上端的是高階人員,包括獨棟獨戶的場長宿舍,雙併式的課長級宿舍等,較低階的則有連棟式基層員工宿舍,以及兩層樓高的磚造單身宿舍。

木雕館

位於日式住宅區內,展示各式的木雕作品,尤其從一些已有千年樹齡的老樹根,再依形態雕刻出各種動物、人像,栩栩如生,令人嘆為觀止。

中山堂

建於1954年,是林場的精神寄託所在,早年林場的大型活動、會議、表演都會在此舉行。整建後的中山堂,內部展示一些老照片並放映林田山的導覽影片,還有骨董級的電影放映機展示其間。

森林鐵路

日治時期的林田山森林鐵路包括由台鐵的萬榮站起至森榮站2.1公里的平地線,森榮以上為山地線。山地線包括築有4.3公里的「溫泉線」至鴛鴦谷露天溫泉;10.19公里的「大觀線」及一小段的「高嶺線」,此二線彼此間及對外連絡均靠索道,故稱單獨路段。

1 2 3 4

1.林場懷舊館　2.林場懷舊館展示栩栩如生的人物與場景模型　3.日式宿舍區　4.木雕館

森榮站位屬花蓮縣萬榮鄉，背依群山，前臨萬里橋溪，環境清幽雅致。日本人就地取材，在此以檜木為壁、黑瓦為頂，蓋出一大片平房，林田山林鐵就在此設立森榮站。摩里沙卡雖盛極一時，但森榮站卻始終是個沒有站房的月台而已。據說當小火車進站前 10 分鐘，車站會廣播三次，通知要搭車者到月台等候。畢竟從台鐵萬榮站到森榮站是免費的，因此賣票、查票的人員和設施也都省了。

戰後，國府將高嶺線延長至 7.2 公里，並於 1961 年起修建一條標高 2625 公尺的「新高線」，長達 34 公里至高登，至 1975 年才完工。這條鐵路繞過七彩湖來到海拔 2811 公尺的草山附近，堪稱全台灣海拔最高的鐵路。1983 年，大卡車取代了小火車成為運輸木材的交通工具，森林鐵路逐漸廢棄，如今已成為閒人勿進的禁區了。

旭東亭

旭東亭原為古典式六角飛簷造型，但被颱風吹毀，重建成今貌。這裡是鳥瞰整個林場的最佳據點，涼亭前的高架鐵道遺跡，亦是林田山的代表美景。

林田山社區咖啡館（林田山服務中心）

林田山社區咖啡館是由當年的高階主管宿舍改建而成，內部空間瀰漫著濃郁的檜木香，館內提供咖啡、茶葉等飲品，為遊覽園區的最佳歇腳之處，咖啡香與日式老屋相得益彰，令人流連。

1. 旭東亭　2. 林田山社區咖啡館　3. 木雕館　4. 林場內的中山堂　5. 林場鐵道遺產　6. 戶外展示的林場鐵道火車

萬里溪

林田山林業文化園區
萬榮飛行傘基地
⑯ ⑯

林田山文物館

林田山林業停車場
中山堂
旭東亭
林田山社區咖啡館
（林田山服務中心）

萬榮鄉原住民文物館
⑨

滿妹豬腳

❶ ❷ ❸
❹ ❺ ❻

1. 林場鐵道遺產
2. 林場鐵道遺產
3. 充滿懷舊風情的林田山林業園區
4. 林場鐵道橋樑遺產
5. 一片綠蔭的林場風光
6. 林田山園區內的木造日式建築

BONUS
延 伸 遊 覽

花蓮糖廠

2002 年春天，花蓮糖廠春季製糖作業開工，這是花糖最後一次製糖。沒有盛大的歡送或告別儀式，人們一如往常忙碌進出，大煙囪冒著騰騰白煙，空氣裡瀰漫著濃濃糖香，一切彷彿和 80 多年前剛剛成立的花糖沒有兩樣。

光復糖廠近年來以用料道地實在，可口便宜的冰淇淋聞名。讓旅遊花東縱谷遊客總忍不住到此光顧品嚐。糖廠冰品口味偏重本土性，蛋黃、紅豆、鮮奶、草莓等 20 餘種。每逢假日，冰品人潮絡繹不絕，大排長龍。

花糖的宿舍群分成東西二群，西宿舍群有 32 幢可供 73 個家庭住人，至今保存完好，是縱谷最具代表性的文化資產。台糖還特別發經費整修，開放遊客入住，形成花糖的最大特色。

● 日治時期鹽水港製糖株式會社大和農場

馬太鞍部落

台灣最大的兩個阿美族部落，就是光復鄉的馬太鞍與太巴塑部落，二大部落僅隔著台 9 線。每年參加豐年祭的人數也是全花蓮縣最盛大的，二者都約有 3000 人參加，豐年祭時間照往例是接續進行。雖然緊鄰，卻發展出各自不同的特質。

太巴塑部落

● 日治時期的阿美族家屋

太巴塑位於光復鄉東側，隔著光復溪、嘉農溪與馬太鞍為鄰，是光復鄉僅存的兩個阿美族部落，昔日以多產白螃蟹著稱。阿美族稱 Afalong，漢人諧音「太巴塑」，有土壤肥沃之意。窯業曾是太巴塑重要產業，興盛期有 6 家窯廠，如今只剩一家日豐窯廠。在台灣原住民族群中，阿美族是人口最多的一族，而聚居 4000 多人的太巴塑則是台灣最大的原民部落。

離島小鎮

• 澎湖玄武岩

離島
小鎮

• 東海巡航的美景

漫步澎湖馬公
環北環南本島跳島體驗遊

• • •

>>見鎮歷史

　　菊島澎湖，是玄武岩群島，由 90 座島嶼所組成，海岸線總長 320 公里，是台灣唯一的島縣。以馬公本島所占面積最大，其次依序為西嶼、白沙、望安與七美。錯綜複雜的海岸地形造就出澎湖許多美麗又有趣的地質景觀，豐富了整個澎湖群島。

>>見鎮魅力

　　一般澎湖的旅遊主要以馬公本島的南環與北環為主，再加上南海諸島。南環指的是馬公市、湖西鄉；北環七白沙鄉與西嶼鄉，以及北海的吉貝嶼；南海諸島是以七美、望安為主。知名體驗旅遊平台 Klook2019 年全

• 玄武岩

1 | 2

1. 國際級的玄武岩自然景觀
2. 玄武岩景觀

球網美 10 大景點，澎湖南方四島榮獲第五名，南方四島是東吉嶼、西吉嶼、東嶼坪嶼、西嶼坪嶼，全球有好多個國家比如義大利卡布里島，也有名為藍洞的知名旅遊勝地，但它們沒有玄武岩，西吉嶼玄武岩的黝黑色彩和垂直線條，和藍綠色的海水配起來美極了。

玄武岩

澎湖群島是台灣唯一由火山熔岩：玄武岩構成，壯觀秀麗、獨特多變，是台灣世界遺產潛力點之一。1700 萬年前至 800 萬年前之間，印度板塊擠壓歐亞大陸板塊，造成南海海棚不停往北推擠，致使澎湖一帶地殼擠裂，熔岩噴發，形成柱狀、片狀、板狀、不規則狀節理，緊接著海蝕、風化、岩盤升降作用，塑造這一系列島嶼。

行走澎湖群島，處處是大自然不思議的奧妙！七美西北灣柱狀玄武岩從海裡拔升 53 公尺最為壯觀，它可能從地底 80 公里處岩漿庫從裂隙噴發；桶盤嶼的玄武岩柱，直徑超過一公尺；西嶼大菓葉柱狀玄武岩整齊排列、沈睡千萬年，是因為海底下溶漿因為地形上升，溶漿冷卻收縮之

● 澎湖海上花火節

後，岩體產生的五、六角形的岩柱破裂，形成非常特殊的景觀，日治時期闢建碼頭，開山挖石，才讓它意外現身；池西岩瀑除了直立狀岩柱外，還有橫臥、彎曲、輻射等各種型態。

澎湖海上花火節

每年夏天，澎湖縣政府舉辦的海上花火節，彩虹橋是絕佳地點，燦爛奪目的高空煙火和拱型七彩炫光搭配得天衣無縫。每年吸引眾多遊客專程來到澎湖，為的是觀賞這一絕妙的夏日風情。

石滬

進一步了解石滬的由來，才發現它訴說著人與海洋的歷史關係，見證了討海人與海長年深切的依存。然而在捕魚方式不斷更迭的今日，石滬的歷史意義已大於生存意義，「澎湖石滬群」則成為世界遺產潛力點之一。

石滬位於潮間帶上，用石塊堆疊而成。漲潮時帶進魚群，退潮時則阻斷魚群退路，把魚群圍困在石滬內。石滬是澎湖先民的冰箱，也是海上財富的來源。全世界的石滬不到 600 口，其中 500 多口在澎湖，吉貝島就有 88 口，七美的「雙心石滬」最著名。

抱墩捕魚

澎湖目前的抱墩魚場主要分布在白沙鄉面向北方的潮間帶，包含中屯、講美與岐頭等地區。早期漁民各自擁「墩」，多半是繼承先祖，世代相傳，屬於私人產業。天然的地理環境造就抱墩特殊的捕魚方式。全盛時期，澎湖的捕魚石墩約有 500 多座，岐頭就有近 400 座。

這種古老的捕魚方式之一，「墩」又稱「鱛仔厝」，意指在潮間帶以玄武岩或咾咕石堆疊成有開口的小石堆。由於礁岩底棲魚類（以玳瑁石斑魚居多）具有洄游棲息近岸礁石的特性，漲潮時，洄游至墩內，待退潮時，捕魚者用魚網圍住石墩，魚群受到拆墩驚嚇，即可起網得魚。

仙人掌冰

含一口仙人掌冰，澎湖的夏艷讓人點滴回味。1645 年荷蘭人將仙人掌引進澎湖，350 年後鄭秋枝一家把仙人掌做成冰，現在澎湖各角落，至少有 200 家賣仙人掌冰。

•仙人掌冰

澎湖天后宮

每個鄉鎮都有屬於自己的過去，透過磚瓦一片一片拼湊出屬於當代的記憶。想要瞭解一座城市就要從最古老的部分開始，所以提到澎湖就不能不從澎湖天后宮談起。1983 年 12 月 28 日被列為一級古蹟（現國定古蹟）的澎湖天后宮，原名「媽祖宮」，建於 1604（明萬曆 32）年，現今樣貌是 1985 年重修的。

這座媽祖宮是全國最早創建的媽祖廟，由當時大陸福建湄洲沿海居民將所信仰的媽祖分靈而來，希冀保佑出海捕魚的船隻。久而久之，媽祖宮渡口被漁民簡稱為「媽宮」，這也就是「馬公」地名的由來。

順承門

中法戰後，1888（清光緒 13）年清廷派吳宏洛任鎮澎總兵，率兵 8 營增強防務並興建馬宮城。以當地所產的老古石砌牆，並以染紅的螺殼灰粉塗抹，設有東（朝陽）、南（即敘）、西（大西）、北（拱辰）、小南門（迎薰）及小西門。馬宮城城樓較低矮，可能遷就於島上冬季猛烈的東北季風。另外，城垣臨海而築，艷紅的牆面遠看非常搶眼獨特，日治時期，曾有「海底龍宮」的稱號，是見其壯觀。

順承門就是當年的小西門，位於中山路與新復路附近。今日所見之城垣是 1986 年整修後樣貌，當年塗壁的紅灰已被灰白的水泥所取代。順承門樓為歇山式建築，12 環柱，馬宮城亦為國定古蹟。

• 中央老街

• 四眼井是在地年代久遠的古井，位在中央老街北端

• 中央老街曾是繁華一時的商業街，今為古蹟保存特定區

四眼井

相傳鄭成功由金門出發攻打台南鹿耳門時，途經澎湖登岸補給，但島上卻沒有乾淨飲水，於是拔出明朝皇帝御賜寶劍，朝天禱告後，將寶劍往地上一插而湧上甘泉，之後連續往地上插了三次，就成為今日的「四眼井」。四眼井其實是個大井，出水量多，為避免民眾取水時不慎跌落入井中，居民在井上覆蓋花崗岩，並鑿出四個取水口，故名四眼井。

位於馬公中央街北端的四眼井，雖無確切的開鑿時間，卻是澎湖最早的水井，據說澎湖中央老街的原名「大井街」也是緣此而來。四眼井終年水源充沛且水質清涼，當時的澎湖人皆以此井為民生用水，後來為了取水方便與安全考量，遂於井上鋪蓋石板並分設 4 個井口增加汲水效能。

朝天仰望了無數個寒暑，歷經歲月摧殘與改朝換代，最神奇的是，好幾次澎湖大乾旱，它也不曾枯竭，依然水量充裕，依舊靜靜地陪在澎湖人身邊。現在雖然不再汲水，卻成了著名的觀光景點，仍然在為澎湖人作美麗的付出。

中央老街

中央老街是澎湖群島開發最早的市街，舊稱為「大井街」，民國 73 年正式將中央老街列入「古蹟保存特定區」讓一度沉寂的中央老街再現當年榮景。早步行在古色古香的中央老街上，一時很難想像這紅褐色的街道竟然是澎湖最早成形的商家聚落。中央老街承襲了各個朝代的文化，從明、清、日治到現代的設計，毫無衝突並容於同一視線之下，萬軍井、摸乳巷、四眼井、媽祖宮和施公祠等都藏身在老街中。

二崁聚落

二崁聚落可說是全澎湖最引人入勝的古厝建築群，以咕咾石和玄武岩為外牆的古厝充滿懷舊氛圍。是國內第一個傳統聚落保存區，經由地方創生保存了完整的歷史風華，將傳統文化特色、民俗風情以不同的面貌展現。離鄉背井到台灣發展、經營藥舖的陳嶺、陳邦兄弟，在事業有成後回到二崁打造陳家大宅，融合閩南建築和西式山牆，名列縣定古蹟。

走入二崁，映入眼簾，最吸睛的便是古厝牆上掛滿了當地居民自創的褒歌，描述生活點滴或傳頌男女思慕情懷，褒歌唸唱皆宜，多以生活大小事為題材，用來表達情緒的即興創作。

上天賜福澎湖地，人客來遊二崁街。

二崁出名杏仁茶，喝了一杯續一杯。

西台古堡

西嶼西台建於 1886（清光緒 12）年，是中法戰爭後鑑於海防所需，由澎湖總兵吳宏洛所督建的 4 座海防砲台之一（另 3 座為西嶼東台古堡、拱北砲台、媽宮金龜頭砲台）。西台古堡位於西嶼的外垵村，是台灣少數保存完整的古砲台，也是澎湖現存規模最大的砲台，屬國定古蹟，極具歷史意義。

西台古堡入口的石質拱門刻有「西嶼西台」四個大字，為當時文華殿大學士李鴻章所題。穿越拱門，內部配置空間呈長方形，由內外護牆環繞而成，內有兵房、官廳、辦公室和廚房，以及砲口朝向南方海域的 4 座阿姆斯壯後膛鋼砲。

漁翁島燈塔

以白色為基調的漁翁島燈塔位於西嶼西南端，是全台灣最早的西式燈塔，為國定古蹟。原是 1778 年清朝乾隆時期的舊式七級石塔，稱之「西嶼燈塔」，1875（清光緒元）年改建成新式鑄鐵燈塔。目前燈塔採用四等旋轉透鏡電燈，發光強度 18 萬燭光，明弧射程範圍 25.1 海浬，幾乎涵蓋了整個澎湖群島。

1 | 3
2 | 4

1、2. 二崁聚落
3、4. 西台古堡

在 地 體 驗 的 故 事

真愛澎湖

　　台灣推動小鎮漫遊與地方創生，觀光旅遊體驗為其中重要項目，全台各地都有對此著墨之個人或團體，澎湖也不例外，鮭魚返鄉的青年馬力歐開設了壹品國際旅行社，以「真愛澎湖」為品牌，嚴選媒合澎湖在地不少從事體驗行程之業者，提供創意觀光、體驗觀光之活動，諸如「澎福食品」炸棗與魴片龜的體驗、東海海上巡航燕鷗餵食秀（在澎湖東邊海域上散落數個小島，其中「雞善嶼」、「錠鉤嶼」、「小白沙嶼」為玄武岩保留區，台灣世界遺產潛力點，每年夏天總是吸引眾多燕鷗前來產卵，人手一魚拋向空中，成群燕鷗相互搶食畫面令人嘆為觀止！）與體驗海釣（東海海域珊瑚礁群幅員遼闊，多底棲性魚類，因此大多使用沉底釣法；手中握著魚線，盡情享受與魚你來我往拉扯的快感，體驗漁民的豪爽、收穫的暢快！）等海上盪鞦韆等體驗行程，當然，最代表的澎湖體驗行程，是海釣小管，小卷有趨光性，抵達釣點時，會先拋下魚燈，吸引小卷。但你知道澎湖每個港口釣上來的小管滋味都是不同的嗎？離馬公港最遙遠的西嶼鄉內垵港口釣上來的小管滋味，一定要試試。

1. 真愛澎湖在地海釣體驗　　1
2. 東海水上活動　　　　　 2
3. 東海巡航的海洋美景　　 3

地 方 創 生 的 故 事

南寮社區從社區到創生

交通部觀光局推今年 2019 年是小鎮漫遊年，觀光局發行的「台灣小鎮靚點護照」上澎湖介紹的就是湖西鄉的南寮古厝、南寮蒙面，話說澎湖風大日頭烈，在沒有防曬乳液的年代在地婦女如何保持水噹噹的膚質呢？首先，一定要先從基本的防曬措施作起！跟著南寮阿婆教導一步步學習在地防曬密技，用方巾包覆頭及頸部，再以毛巾蒙住口鼻，化身澎湖蒙面女郎，再搭上從前載娘子的牛車，好像重溫當年的時光記憶。多年來經由趙村長與村民共同推動村內魚社、牛屎坑、修復具代表性的咾咕石珊瑚礁岩體（珊瑚礁石灰岩）老屋，整個社區巷弄將龜壁港社人文遺跡、應用彩色浮球裝置藝術，大量的運用浮球，製作出澎湖在地的樣貌，社區除了是農村再生的範例、環境教育中心，更獲選全球規模最大柏林國際旅展公布 2018 年全球百大綠色旅遊。

• 南寮社區的古厝

眷村文化園區

篤行十村是台灣最古老的眷村。澎湖縣政府於民國 95 年將眷舍列入歷史建築保存，規劃為「眷村文化園區」。而澎湖縣政府也積極重

建，讓篤行十村連結國定古蹟的「順承門」與「媽宮古城牆」，成為帶狀的人文歷史景點。

張雨生故事館

澎湖人張雨生藉著〈天天想你〉、〈我的未來不是夢〉等膾炙人口的歌曲，於 90 年代大紅大紫，幾乎無人不曉。可惜！年僅而立之年就因車禍而亡。保留張雨生住了 9 年的故居，與鄰棟三間建築一併闢成「張雨生故事館」。

潘安邦紀念館

> 晚風輕拂澎湖灣　白浪逐沙灘
> 沒有椰林綴斜陽　只是一片海藍藍

> 坐在門前的矮牆上　一遍遍懷想
> 也是黃昏的沙灘上　有著腳印兩對半
>
> ——〈外婆的澎湖灣〉

民歌王子潘安邦的故居是位在藍藍大海旁的老房子，與張雨生同樣出生於篤行十村，靠著朗朗上口的成名曲〈外婆的澎湖灣〉而走紅。來到台北認識了葉佳修，踏入民歌界，談及懷念故鄉及外婆的心境，葉佳修將這段情感轉化為歌曲，創作出「外婆的澎湖灣」。

觀海平台

• 馬公金龜頭礮臺的觀海平台

鄰近國定古蹟馬公金龜頭礮臺的觀海平台位於莒光新村旁的海邊，地勢較高，整個灣口地形盡收眼底，可左望西嶼，右觀彩虹橋，也是近距離觀賞「澎湖花火」的好去處之一。而崖上遍佈的仙人掌和龍舌蘭更是澎湖特色的自然景觀。

西瀛虹橋

當夜幕低垂時，位在觀音亭海濱公園的彩虹橋粉墨登場，7 種色彩霓虹沿著虹橋亮起，就像海上的一道彩虹，襯

著夜色散發出耀眼的魅力，絢麗的燈光映在海面形成璀璨倒影，彷彿為澎湖灣披上了七彩霓裳，2004 年完成的彩虹橋儼然成為澎湖熱門地標。

第三漁港

澎湖天然環境優越，海岸線綿長、錯綜複雜，造就澎湖 64 座漁港。其中位於馬公市的第三漁港是最大也最熱鬧的漁港。天還矇矇亮，一艘艘漁船駛進馬公第三漁港，寬闊碼頭搖身一變成為洶湧的魚市，剛來自大海的活跳魚獲，讓大家興奮起來。澎湖是優良漁場，至少 700 種魚。每天清晨 4 點多，一艘艘燈火通明的漁船進港，船員快速卸貨、分類，準備競標。至於第二漁港的「菊島之星」是一個仿船形建築體，乃「漁產品直銷中心」。

風櫃洞

風櫃這地方，沿岸滿是柱狀節理發達的紅褐色玄武岩，由於經年累月不斷地被海水侵蝕而形成狹長的海蝕溝，海蝕溝的底端再被侵蝕形成令人嘆為觀止的海蝕洞。當大量的海

• 風櫃洞的海潮

水灌入洞中時，擠壓空氣而發出低沉的聲響，如同鼓聲一般，「風櫃濤聲」也因此馳名；受到擠壓的空氣會形成強風夾帶水氣，從玄武岩上方的裂縫噴出，形成「水柱噴潮」的奇景，非常壯觀。

台灣代表性國際名導侯孝賢個人最喜歡的作品之一的《風櫃來的人》，即描述風櫃出身的年輕人，到高雄打拚的過程。

奎壁山摩西分海

2013 年網友票選澎湖最愛景點第一名，就是「奎壁山摩西分海」，奎壁山

• 奎壁山摩西分海

地質公園包含奎壁山和赤嶼，海水退潮的時候會露出一條 S 型的長長的礫石路，兩地相接，是典型的陸連島地形，可以在退潮的時候走到赤嶼。此景像極了聖經故事裡摩西帶領大家穿越紅海，因此又有摩西分海之稱。分海步道的右側可以看到南寮的風力發電風車，沿著 S 形的玄武岩礫石路走，可以走到陸連島的赤嶼，這裡也是欣賞日出與觀星的好地點。奎壁摩西分海的關鍵就是潮汐，「最精彩的是那 15 分鐘」，「白天可以看到摩西分海一次，一次藏在半夜」，過 15 分鐘，海一定分開露出步道。由於退潮時海水漸漸地向兩旁

退去,中間慢慢露出像是閃電形狀,長約 300 公尺的玄武岩礫石步道,非常神奇。澎湖潮差特別大,退潮時降很低,漲潮時漲很高,是典型的半日潮,即漲、退潮半天一個周期。走在礫石灘兩旁都是海的經驗非常特別,有一種隨時會被海水沖走的刺激感覺。

通梁古榕

● 通梁古榕

位於澎湖縣白沙鄉通樑村保安宮前,樹齡已達 300 多年,是澎湖島上一株相當壯觀的大榕樹,共有數十條支幹,枝葉繁盛茂密,使榕樹向四方擴展,形成天然的遮陽棚,是世界上難得一見的大榕樹。相傳位於通梁保安宮前的老榕樹是由 300 多年前貿易商船的盆栽種植而成;另有一說是清朝康熙年間的商船航經澎湖時遇難,小樹苗從海上漂來被村民拾獲而種植於此。歷經 300 餘年歲月,由於澎湖冬天吹起強大的東北季風,草木不易生長,此小樹苗卻屹立不搖,生長為盤根錯節、枝枒向四方交織擴展,覆蔭面積超過 660 平方公尺,形成巨大的天然遮陽棚。

跨海大橋

● 澎湖跨海大橋

澎湖跨海大橋全長共計 2,494 公尺,橫跨白沙、西嶼兩島之間的吼門水道,水流湍急,流速據說可達每秒 3 公尺,為澎湖海域第二險流,被譽為東亞第一跨海大橋。無疑是澎湖的地標之一。為了解決西嶼和白沙兩島間的交通問題,遂於 1965 年打造這座當時為東南亞第一的跨海大橋。現貌是 1984 年改建,1996 年重新啟用。

小門嶼鯨魚洞

● 鯨魚洞

來到小門嶼不能錯過的景點就是鯨魚洞,相傳有隻小鯨魚擱淺於此,母鯨極力拯救不成,悲傷之餘便往山壁撞去,撞出了一個鯨魚形貌的洞。但就地質學的觀點而言,鯨魚洞是海浪經年累月侵蝕所造成的海蝕拱門。

小門嶼最初是西嶼的一部分,因海水侵蝕將相連的陸塊吞噬,使其成為一獨立島嶼,後建小門橋將其與西嶼相

連。小門嶼屬典型的方山地形，特殊的地形景觀正是澎湖的縮影，除了鯨魚洞的海蝕拱門外，其旁的海蝕崖、海蝕柱及下方的海蝕凹壁，可說是名符其實的地質教室。

澎湖生活博物館

位於孔廟旁的生活博物館，以澎湖傳統建築的「馬背」曲線與象徵海洋的波浪形屋頂為設計概念。12 年的規劃、蒐集，生活館讓澎湖人 700 年的生活記憶依序入館。常設展規劃有 7 大主題，把澎湖的發展演進全都展示其中，當地的庶民生活文化鉅細靡遺也都展示在列。

望安綠蠵龜觀光保育中心

明末鄭成功往台灣時，站在船上看到望安島，浮動的心，有了第一個平安符，「望而心安」。「望安」也讓世界瀕臨絕種的綠蠵龜，選擇在此孕育下一代。在望安不只沙灘歡迎海龜，島上的人更重視嬌客。保育中心鎮館之寶「好善堂」碑，早在清光緒年間，這裡已經嚴格執行保護海龜，賞罰分明。保育中心的外觀就像一隻富於現代感的巨大海龜，館內展示綠蠵龜生命史、澎湖南海保育類生物區。

花宅聚落

望安花宅聚落擁有 300 多年歷史的古建築群，貴為全國第一個「重要聚落」保護區。2003 年，世界文化紀念物基金會公布世界 100 個瀕臨危險的文化遺址，被稱為「中社」的花宅名列其中，才得以被重視。

七美雙心石滬與小台灣海蝕平台

許多人對澎湖的第一印象，是那佇立在海上的大型地景「雙心石滬」，雙層愛心的形狀，妝點著澎湖群島的沿岸。2010 年，《寂寞星球（Lonely Planet》雜誌評選七美雙心石滬為世界十大秘境島嶼。

• 綠蠵龜

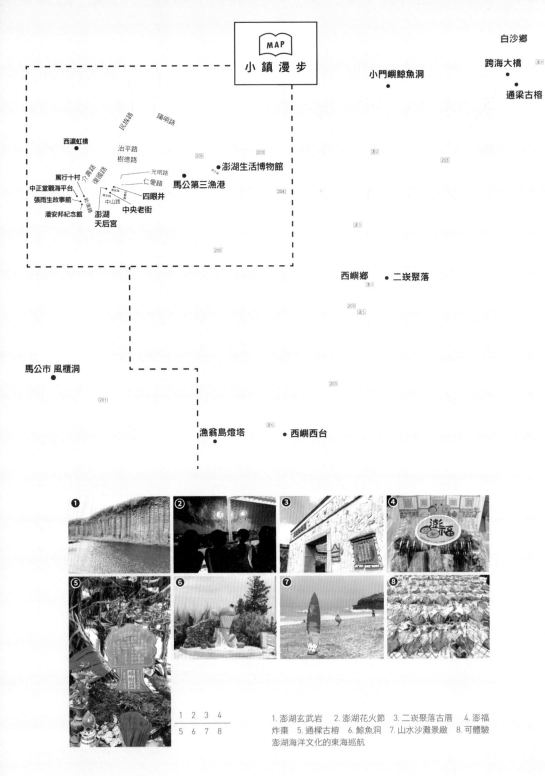

MAP
小鎮漫步

白沙鄉
跨海大橋 澎8
通梁古榕

小門嶼鯨魚洞

民族路　陽明路

西瀛虹橋

治平路
樹德路　　　澎湖生活博物館
光明路　　　203
仁愛路
馬公第三漁港
駕行十村
中正堂觀海平台　　　四眼井
張雨生故事館　　中山路
潘安邦紀念館　　中央老街
澎湖
天后宮

205

204

205

澎2

203

西嶼鄉　　二崁聚落
澎3

203
澎5

馬公市 風櫃洞

201

203

漁翁島燈塔　澎6　西嶼西台

1 2 3 4
5 6 7 8

1. 澎湖玄武岩　2. 澎湖花火節　3. 二崁聚落古厝　4. 澎福
炸棗　5. 通樑古榕　6. 鯨魚洞　7. 山水沙灘景緻　8. 可體驗
澎湖海洋文化的東海巡航

離島
小鎮

• 花瓶岩

漫步屏東小琉球
環島浮潛遊

• • •

≫見鎮歷史

仙人踏浪台灣遊，欣見阿猴景色幽。

遺落仙鞋海中留，人間稱為小琉球。

相傳仙人曾落腳遊台灣，而將其右腳鞋子
遺落於海中，後來變成一小島，就是傳說中小琉
球的由來。小琉球原名「沙瑪基」，原是位於高
屏溪口西南、距離東港鎮僅 8 海浬的無人島。面
積迷你，騎機車環島一周約 12 公里，只需要短
短的半小時。據傳於 1755（清乾隆 20）年，打

• 白沙尾漁港

狗漁民李月老因避雨於此，發現此島近海漁類資源豐富，氣候宜人，非常適宜耕作及定居，遂招族親 20 餘人來此開拓從事漁業。

金獅船號事件

小琉球出現於西方文獻，是 1622 年荷蘭人的〈巴達維亞日記〉，描述該小島有 400 餘吃人肉的土番，經過 1633 年及 1636 年兩次血腥的征伐後，被稱為金獅島（Gouden Leeuw）的小琉球原住民就此消失無蹤，而小琉球的必遊景點「烏鬼洞」，咸認為是原住民最後的躲藏避難所。

荷蘭聯合東印度公司（VOC）於 1920 年代遭受兩次原住民殺害事件：一為小琉球的金獅船號事件；一為台南的麻豆社事件。荷蘭 VOC 當局卻遲至 1930 年代中期前後才展開報復行動，特別是針對勢力相對微弱的小琉球原住民，分別於 1633 年及 1636 年進行二階段的軍事掃蕩，導致小琉球原住民全數滅亡絕族。

1649 年 1 月 18 日，巴達維亞總督 Van der Lijin 向 VOC17 名董事會董事專案報告關於 1636 年殺戮小琉球人的經過：總計社人 1119 名，戰後發現有 405 具屍體，生存者 697 名中，其中 191 名以各種船隻發配至巴達維亞，482 分配在新港社或暫時安置，而有 24 名兒童依慣例被荷蘭家庭收養。

• 荷蘭時代航行遠東的戰艦古圖

• 荷蘭阿姆斯特丹國家海事博物館外停泊的船艦

• 小琉球的
海岸美景

　　這件不名譽的事之所以東窗事發，乃由於返回荷蘭的台灣長官普特曼斯（Putmans）與當年駐台牧師尤紐斯（Junius）連袂向董事會投訴巴達維亞總督當年過份的復仇，使得小琉球原住民面臨幾乎滅族的悲慘遭遇。

>>見鎮歷史

環島公路

　　全島主要景點由一條環島公路串連，機車是主要的交通工具。著名景點有花瓶岩、美人洞、沙瑪基島露營渡假村、山豬溝、蛤板灣、烏鬼洞等以及迷人的朝日與夕陽、夜晚絢爛的星空、多姿多彩的潮間帶生態，形成一座與眾不同的海上樂園，風情萬種，令人驚艷。

　　小琉球全島面積雖只有 6.8 平方公里，但由於得天獨厚的地質地形環境，造就了小琉球的生態資源及自然景觀，其中又以潮間帶生物最引人注目，因為陽光充足，水質清澈，孕育許多海洋生物，在潮水退去之後，海陸交界處露出的平台，就有海星、海膽、陽燧足等，是一處非常適合生態觀察的戶外場所。

全台唯一的珊瑚礁島

琉球嶼是珊瑚礁石所構成的地壘台地，地表為珊瑚礁及石灰岩地形，為台灣唯一的一座珊瑚礁島嶼。海洋資源得天獨厚。由碧海、藍天，美麗的貝殼砂沙灘、天然的嶙峋怪石群，引人入勝的夕陽美景加上漁村生活特有的景色共譜而成。島上山壁有著珊瑚化石遺跡，本島90%以上是珊瑚礁群海岸，包括海蝕礁平台與崩崖，岩岸地區低潮線附近的石灰岩，間隔著深淺不一的海蝕溝，將隆起的石灰海岸切割成無數長條形岩脊。

• 店家外的拜拜供品

小琉球的三多

往昔，小琉球人大多數以捕魚維生，但出海兒險，往往需藉由宗教來祈求航海平安，漁獲豐收，所以廟宇多；小琉球的長輩們明白在海上討生活既風險又無保障，於是鼓勵下一代要有「腳踏實地」的穩定工作，因此選擇師範體系，學子們的首選是校長，因此在台灣島服務的小琉球人校長也多；但大多數的孩子承襲父祖輩的職業，捕魚跑船，勤奮地當上船長。所以人說小琉球有三多：廟宇多、校長多、船長多。如今，小琉球有了新三多，那就是遊客多、機車多、民宿多。

• 浮潛的遊客

烏鬼洞

小琉球島上多珊瑚礁石灰岩，因此洞穴地形遍佈，其中最有名的，則非地處琉球嶼西南方的烏鬼洞莫屬。該洞自古即傳說紛

● 烏鬼洞的傳說繪影繪聲

紜，尤其小黑人之傳說，更是繪聲繪影，這可能與荷蘭時期的金獅船號事件有關。1975 年琉球鄉公所以公共造產方式開發為風景區，設有碧濤亭、幽情谷、別有天、浩然亭等名勝據點。

烏鬼洞碑記

烏鬼洞旁立有一碑，寫著：1661（明永曆 15）年延平郡王鄭成功，克復台灣、澎湖，趕走荷蘭人，少數黑奴未及歸隊，逃往琉球

● 烏鬼洞碑記

嶼，潛居在這洞內。數年後有英軍小艇在蛤板登陸，黑奴乘其不備搶走艇上財物，放火燒掉小艇，並殺死船員。剩餘的英軍上岸搜索，但黑奴潛入洞中，百般誘脅誓死不出，英軍遂灌入汽油，並放火燒洞，黑奴全部死於洞中，後人就稱這個洞為「烏鬼洞」。

但是，在 1994 年曹永和與包樂史（L‧Blusse）聯合發表〈小琉球原住民的消失：重拾失落台灣歷史之一頁〉，文中除了揭開烏鬼洞的主角其實就是荷蘭時代的原住民，更以原住民失落的歷史為主體，重建一則小琉球原住民被屠殺、遷徙、掩沒的歷史，呈現小琉球嶼上的原住民是如何從南島民族轉化成漢民族的經過。並認為小琉球原住民應屬於西拉雅平埔族的馬卡道支族。

白沙尾觀光港

白沙尾觀光港是遊客進出小琉球的主要港口，港區內的遊客服務中

● 白沙尾漁港

心，除了提供交通船的往返外，尚有環島船、海底半潛艇與摩托車、自行車的租借，滿足遊客多樣化的環島旅遊選擇。夏夜的港區更烹為迷人，除了滿天星斗，對岸的高雄林園化工區的閃爍燈火盡收眼底。

靈山寺

位於白沙尾港左側沿岸山崖，於 1960 年由當地仕紳募資興建，1963 年竣工。靈山寺是琉球嶼最宏偉壯觀的寺廟建築，為佛道混合廟宇，主祀臨水

夫人陳靖姑，後面天壇分別祭祀釋迦牟尼佛、五府千歲與三界公等神祇。木魚鐘聲，朝夕頻聞，香火鼎盛。靈山寺背山面海，依山共有三層寶塔，登臨其上遠眺，海天蒼茫，漁舟點點。

花瓶石

花瓶石是小琉球最著名的景點，是因海岸珊瑚礁被地殼隆起作用抬升，後來受到海水長期的侵蝕作用，形成上粗下細，高約 9 公尺，類似花瓶的特殊造型，加上岩頂上長滿藤類植物，故取名「花瓶石」。在花瓶石西北側，伏有一座天然石龜，互相配襯，唯妙唯肖，景緻天成，海水更是清澈見底，成為觀光客弄潮攝影必遊景點。

美人洞

位於小琉球的西北角，背山面海，奇石陳列。美人洞中有一麗池，告示牌云：此水為觀世音菩薩所賜，可以飲用；洞外碧波萬頃，海天一色，茫無天際。其靠海側有一涼亭稱「望海亭」，居高臨下可見珊瑚礁海岸、海崖及海水箱網養殖。

美人洞有一則的美麗傳說，言道昔有一佳麗，生得明眸皓齒，顧盼生姿且能歌善舞，風采綽約。隨父宦乘船以北上，途中遇颱風翻覆，飄流至此，得以倖存。隻身棲息於洞中，飢食野果，渴飲清泉，終其一生，故以「美人洞」稱之。

山豬溝

山豬溝位於杉板澳口上端，與烏鬼洞銜接相通，溝為斷崖所形成，怪石嵯峨，交錯起伏，形勢險峻。溝深數丈，曲徑通幽，迂迴 400 公尺，谷內遍佈荊棘苔藤，保持著原始風貌。

山豬溝也有一則山豬精的故事流傳，據稱此溝乃山豬出沒而得名，傳說往昔有一隻山豬精潛修數百年，已可隨意幻化成人形。有一天，天上仙女下凡到海邊沐浴，將衣衫置於岸上，山豬精發現了，暗地將仙女的衣衫竊走，仙女完浴，找不到衣衫，無法升天，只好躲入林中哭泣，山豬精脅迫求婚，仙女佯為應允，等山豬精交還衣服後，伺機升天而去，從此山豬精終日相思嚎啕，為情而亡，於是後人就把這個山溝稱為「山豬溝」。

● 有仙女傳說的　● 山豬溝
　山豬溝

在 地 體 驗 的 故 事

與綠蠵龜共游

綠蠵龜俗稱石龜或菜龜，以海草及大型藻類為主食，外殼帶有綠色光澤，性情溫和。綠蠵龜是海洋的遠行者，小海龜在沙灘上孵化後，就直奔大海，順著洋流遷陟，尋找食物豐富的珊瑚礁或海草床定居生活。綠蠵龜對於棲地的忠誠度很高，經過數十年，不論洄游多遠，大都會回到原棲地產卵，除非棲地遭受破壞或改變。綠蠵龜的產卵高峰期是每年 7～8 月，每季可產下 1～9 窩蛋，每窩約 70～100 顆龜卵，孵化期約 50 天。

小琉球的美人洞、花瓶石和龍蝦洞都有機會遇上覓食游泳的綠蠵龜，牠們屬於保育類動物，抓牠或觸摸都是違法行為。海龜視力不佳卻對水的聲波相當敏感，為了怕驚擾牠，我們不敢有太大的踢水動作，隨著水波陪伴海龜一起慢慢漂流。

MAP
小鎮漫步

美人洞風景區

美人路

白沙尾漁港

民族路

中澳沙灘

復興路

本漁路

肚仔坪路

相埔路

中山路

杉福生態廊道

龍蝦洞

屏202

三民路

旭日亭

山豬溝原始
森林步道

仁愛路

環島公路

中興路

屏204

威尼斯沙灘

屏203

中正隧

烏鬼洞

白燈塔

和平路

花瓶岩

在 地 美 食 當 前
──────────

落日亭

環島公路

忠孝路

麻花捲

　　地方的特色食物，往往就是文化象徵，小琉球的新土產「麻花捲」，在上科王爺祭後出現，現在可說是遍地開「花」。販賣麻花捲成為開民宿者的全民運動，有人笑說：「大家有工作就好，坐下來做麻花，總比坐下來打麻將好。」

1	2	3	4
	6		
5	7		

1. 烏鬼洞　2. 海上樂園　3. 一線天
4. 靈山寺　5. 仙人洞　6. 后德門
7. 蝙蝠洞

洞中洞

• 走入仙人洞後，還有洞中洞

花卉小鎮

漫步台中后里，花博花舞競技

漫步台南白河，蓮葉何其田田

• 后里花博步道

后里森林園區
Houli Forest Expo Site

花卉
小鎮

漫步台中后里
花博花舞競技

• • •

• 2018 台中世界花卉
博覽會后里森林園
區,「聆聽花開的
聲音」機械花裝置
藝術／陳曉儒提供

≫見鎮歷史

　　舊台中縣原本有相鄰的內埔鄉與外埔鄉,
后里原稱內埔鄉,但與屏東縣的內埔鄉撞名,
迄至 1955 年 10 月 10 日才正式改名為「后里
鄉」。1909（清宣統元）年,正式劃入台中縣,
稱「內埔區」。日治時期,1920 年（日大正 9）
台中設州,后里改由台中設州豐原郡管轄,改
稱內埔庄。「后里」之名源自開發初期移墾漢人
創建新庄坐落於麻薯舊社的背後,即代表「後
庄」之意。原后里庄包括后里及泉州厝兩個聚
落,這就是后里區的緣起。

• 地表最大機械花「聆聽花
開的聲音」裝置藝術／陳
曉儒提供

• 2018 台中世界花卉博覽會

后里花博

　　2018 台中世界花卉博覽會，於 2018 年在台中舉行世界性花卉博覽會，該博覽會獲得國際園藝生產者協會（AIPH/IAHP）認證授權，以「發展生態保育、精緻農業及環境營造，呼應生產（Green）、生態（Nature）及生活（People）的「三生」精神，以成就綠色共享、自然共生及人文共好的概念。」展區共有在后里的馬場森林園區，另外還有外埔園區、豐原的葫蘆墩公園 3 處，7 大展館，逾 30 座大型裝置藝術。展區中處處能見到「建設不意味著破壞，而是與自然、人文、歷史共存共榮」的期許，立意深遠。

后里園區：花舞館

　　永久展覽館「花舞館」，做為花卉展示、競賽及教育之用。分為蘭花區（蘭花生態型溫室）及競技區（一般商業展覽空間），內有國內外花卉大師巨型花藝創作。展館以兩個圓構成 8 字迴圈形，象徵無極，視線可由內向外穿透環視。花舞館的外圍創作出 240 公尺長的剪紙鐵雕圍籬。

1	2
3	4

1. 豐原葫蘆墩公園內的楷模創生館（竹跡館）
2. 遊客中心（探索館）的排隊參觀人群
3. 后里花博的創意圍牆「繁花盛開」
4. 后里花博的花藝裝置

葫蘆墩公園

● 沿著軟埤仔溪設立的葫蘆墩公園，豐原園區

藉由自然景觀的設計手法將葫蘆墩公園與軟埤仔溪河岸空間進行景觀營造，塑造出「水岸花都」為主題的生態環境。園區分成五大區，展現生活、人文、親水、綠色等內涵特色，並結合地方漆器、林業及豐原聞名全台的糕餅產業，創造生態且多元的河濱公園。

● 豐原葫蘆墩公園

在 地 創 生 的 故 事

張連昌薩克斯風博物館

后里薩克斯風的故事要從張連昌說起，張連昌年輕時非常喜歡音樂，和兩位朋友組成樂團，後來張連昌取得朋友因火災燒毀的薩克斯風，透過繪圖、仔細拆解研究，花了兩年時間以手工方式自行組成第一把台灣製造的薩克斯風，而所得到的高報酬，讓他興起投入製造薩克斯風的念頭。

張連昌去世後，後繼有人繼續經營薩克斯風的製造，先是第二代的代工，再而第三代的自創品牌，更在 1980～2000 年間大放異采，也讓后里的薩克斯風揚名國際，而有「全球 1/3 的薩克斯風都來自台中后里」，廣為流傳。

2002 年成立張連昌薩克斯風博物館，不但富饒國際性、歷史價值，2011 年更轉型為全國唯一的薩克斯風觀光工廠。館內規劃 16 主題展示區，入口處為音樂廳，定期舉辦講座和表演活動，亦提供學術研討與教學使用，同時提供咖啡、點心及 DIY 體驗等服務，2012 年榮獲經濟部評選為「優良觀光工廠」。

博物館內典藏也相當豐富，包括距今 170 年由薩克斯風發明人阿道夫‧薩克斯（Adoloph Sax）所製造的薩克斯風。二樓是觀光工廠，由專員導覽依序參觀薩克斯風完整的製造流程。

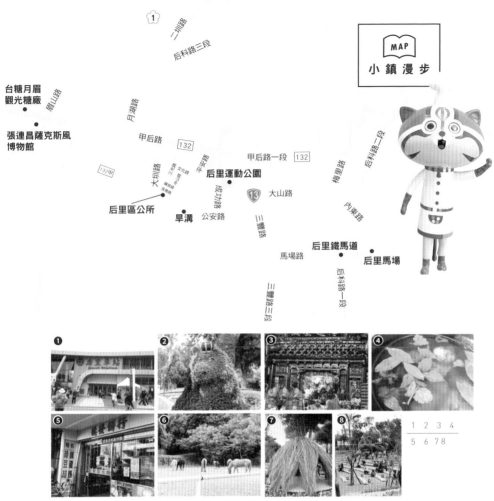

小鎮漫步 MAP

① 二圳路
后科路三段
台糖月眉觀光糖廠
眉山路
張連昌薩克斯風博物館
月湖路
甲后路
132
平安路
文化路
后里運動公園
甲后路一段 132
梅華路
后科路二段
132甲
大圳路
后里區公所
成功路
13 大山路
旱溝
公安路
三豐路
內東路
后里鐵馬道
馬場路
后里馬場
三豐路三段
后科路一段

1. 后里車站　2. 后里花博的花藝裝置　3. 豐原慈濟宮正殿　4. 廟東小吃蚵仔湯　5. 以鹹蛋糕出名的德發餅行　6. 后里園區內的馬場　7、8. 后里花博的花藝裝置

- - - - - BONUS - - - - -
延 伸 亮 點

豐原

　　豐原舊稱葫蘆墩，據說古時有三處土墩，相傳這些土墩是大甲溪漂沙所形成，較大的一墩就位在豐原區市中心，狀似葫蘆，所以被稱為「葫蘆墩」，「水清、米白、查某水」是葫蘆墩的寫照。

　　位於市鎮中心鬧區的慈濟宮，恭奉天上聖母媽祖，是豐原的信仰中心。其旁巷弄聞名的「廟東小吃」，不到中午時分，就開始熱鬧了起來，前來的饕客絡繹不絕，以清水排骨麵、蚵仔鏈最有名；附近大大小小的糕餅店林立，也讓豐原獲得「餅鄉」的美名。

● 豐原慈濟宮

花卉
小鎮

• 荷田

漫步台南白河
蓮葉何其田田

• • •

>>見鎮歷史

　　嘉慶初年，店仔口街發達起來，遂取代大排竹為集散市集。日治時期，店仔口改名為白河庄，取其位在急水溪支流白水溪的北側。日治末期改白河庄為白河街，戰後改為白河鎮，台南縣市合併再改為白河區。「白河」新地名，詩意多了，但卻含糊。雖名為「河」卻不是河，說「白」也不見得白。

　　白河地區因為在觸口斷層，又北臨梅山斷層，南臨南化斷層，歷經多次的地震重創，終在廢墟與重建的輪迴中。日治時期，日本人開發了

• 白河以「蓮鄉」聞名全國

• 日治時期關子嶺溫泉全景

名噪一時的關子嶺溫泉，白河因而聲名遠播。後來隨著關子嶺枕頭山石灰石的開採而沒落，白河也隨之沉寂了一段時日。直到 1970 年代，在白河農會的鼓吹下，蓮花從野生到以專業區大量種植，白河老鎮彷彿找到跳脫宿命的契機，白河區如今以「蓮鄉」聞名全國。

≫見鎮歷史

「出淤泥而不染，濯清漣而不妖，中通外直，不蔓不枝，香遠益清，亭亭靜直，可遠觀而不可褻玩焉。」這是周敦頤有名的〈愛蓮說〉。有人刻意賞荷花、畫荷花、吟荷花、拍荷花……荷花姿色綽約，典雅氣質，常是人們的最愛。愛一季絢爛的長夏，固然燠熱，說不定澄息淨慮，心旌飄然，在蓮田踱步，傳遞著一種神秘的悸動，帶給心靈的是一帖清涼劑。

儘管「荷」與「蓮」混稱，其實「荷花」就是「蓮花」。除了「荷」、「蓮」的稱呼外，古代文人雅士更賦予它們一些詩清畫意的名字，如芙渠（已開花）、菡萏（未開花）、芙蓉、水芙蓉、水旦、水芸、君子花等，且常出現於許多典籍、詩歌中。

蓮花(Nelumbo nucifera) 屬蓮科的一年生草本水生植物。根為不定根，莖為根莖，但在生長的後期則稱其根莖為「蓮藕」；葉面氣孔甚多，氣孔內通氣室，與葉柄和根莖中的氣道相通。葉表面呈革質並有絨毛突起，因此在清晨或下雨過後，常可看到荷葉上「蕩漾不成圓」的水珠滾動著，「大珠小珠落玉盤」的情境，晶瑩剔透，動人有趣。且花大而明顯，雌雄同花，輻射對稱。

• 蓮花公園的荷花

• 白河的荷田

• 以蓮鄉聞名的白河荷田

蓮花產業文化資訊館

位在南 89 縣道旁的蓮花產業文化資訊館，是由農會所提供的農倉改建而成。建於 1997 年，占地 200 多坪，號稱全台第一座主題展示館。展示空間分為意象展示區、蓮的聯想、宗教與蓮花、蓮與生活、自然生態、蓮花加工品簡介等。

• 白河蓮花產業文化資訊館（休館中）

白荷陶坊

白荷陶坊創立於 1992 年，這裡是在地藝術家林文嶽老師成立的蓮花藝術基地。林老師擅長水墨畫、陶藝及台灣壺的創作，坊內作品多樣，作品風格帶有濃濃的鄉土風及原創味。

林文嶽說：「傳統的藝術創作，有很高的個人特質，而且只要面對自己的創作就好了，不需面對他人。但一段畫荷賣荷的日子，使得我從象牙塔掉入常民生活，發現常民生活其實也有許多可愛的地方，所以我開始經營社區美學，提供每一位參與者一個美好的經驗。」

林文嶽也開發出以蓮蓬灰作陶、關子嶺溫泉濁泥做釉藥的創舉。燒製出的白河陶如晨霧之白，如月升層巒的溫潤，加上彩繪蓮花栩栩如生，彷彿看到風荷搖曳。

玉豐綠色隧道

南 90 縣道是白河地區保存最完整、最幽美的綠色隧道，稱為「玉豐綠色隧道」。這條筆直的道路建於日治時期，於明治年間，日本政府發動民伕修築這條戰備道路，提供作戰時部隊快速調度。在酷熱的蓮花季，漫步在綠色隧道中，不僅可避開溽暑，還可以欣賞兩旁的蓮海景觀。黃昏時，枝葉灑落的金光點點，火紅的夕陽就像落在道路的盡頭，令人覺得不虛此行。

蓮花公園

玉豐里附近丘陵環繞的細長山坳，

• 白荷陶坊

• 白荷陶坊庭院內的荷花

• 玉豐綠色隧道

<table>
1 2 4
3
</table>

1. 蓮花公園
2. 蓮花公園的蓮花池
3. 林初埤木棉道
4. 成排的木棉道

原是普通田野，後來不知何時，就在南89縣道（蓮花大道）這一帶山坳間，遍植蓮花，一望無際的蓮海是白河最吸引目光的景點。1996年全國文藝季「白河蓮花節」舉行時，縣政府將此地闢為「蓮花公園」。架設棧道，鋪築道路，並建觀蓮亭，讓遊客登高俯瞰「蓮花藏海」，一時間原本人煙罕至的山坳，搖身一變成為人潮雜沓的賞蓮勝地。

蓮花公園面積約4公頃，依山勢而建。進入園內，首先映入眼簾的是一大片蓮花池，站於池中央的木棧道上，紅蓮綠葉相互映襯，迎風搖曳於蓮池中，讓人在盛夏中感到一絲清涼。蓮池中的一個角落特別栽種從國外引進的「大王蓮」，有別於一般的蓮花、睡蓮。大王蓮以巨型的圓盤狀葉片，浮於水面，直徑廣達100～300公分，葉片佈滿池面，非常壯麗。目前提供體重低於50公斤男女上葉面拍照。

林初埤木棉道

玉豐綠色隧道的南90縣道與南89縣道交叉後，來到林初埤。林初埤位於白河與後壁區交界，再過去就是後壁聞名的土溝社區。林初埤原是白河種蓮的起源地之一。目前環湖自行車道已完成，並設休憩平台供遊客佇足欣賞湖光水色。

在春季乍暖還寒的季節，南90縣道路兩旁成排的木棉花幾乎全數綻放，橘紅色火海一片。白河除了夏日的賞蓮外，春暖的三月天，還有「木棉道」爭妍。它也規劃有自行車道，悠閒地在木棉花下漫遊，愜意十分，並被外國媒體選上世界20大漂亮的行道樹之一。

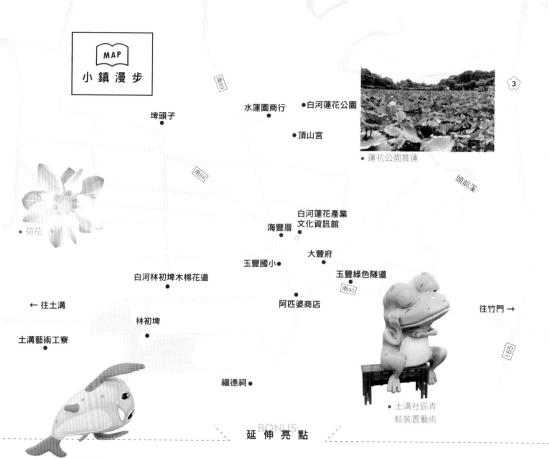

MAP

小鎮漫步

南89

③

埤頭子

水蓮園商行 ● 白河蓮花公園

● 頂山宮

● 蓮花公園賞蓮

南88

頭前溪

● 荷花

白河蓮花產業
文化資訊館

海豐厝

玉豐國小 ● 大豐府

白河林初埤木棉花道 玉豐綠色隧道

南90

← 往土溝 阿匹婆商店

林初埤 往竹門 →

土溝藝術工寮

165

福德祠 ●

● 土溝社區青
蛙裝置藝術

BONUS

延 伸 亮 點

● 土溝社
區裝置
藝術

土溝社區

　　2001 年，一群南藝大的學生跟著老師進駐土溝村，從事社區營造工作。10 幾年過去了，他們自己也成了社區的一部分。在他們多年的營造妝點之下，處處可見彩色繽紛的藝術裝置，充滿藝文氣息，也吸引不少在地青年返鄉創業。近年更增設農夫藝文廣場，推動「村是美術館，美術館是村」的概念，讓整個社區形成一座「土溝農村美術館」。

● 土溝社區彩繪

東山咖啡

　　東山咖啡是道地的「風土之味」，日治時期留下的阿拉比卡咖啡樹種，地處 500 ～ 800 公尺的中海拔、日夜溫差大、水氣豐沛，加上易排水的石灰岩地質，沿線還有龍眼樹替咖啡遮蔭，得天獨厚的微地形氣候提供咖啡樹良好的生長環境。2004 年郭雅聰改良「爆米香機」，把米粒換成咖啡豆，爆出果香飽滿、優雅甘甜的東山咖啡，引起山上種咖啡的風潮，南 175 縣道從此成為飄香的「咖啡大道」。農會也收集各小農的咖啡豆，去蕪存菁，烘焙出在地香醇好喝的咖啡，並在農會旁成立「東山咖啡文化館」，展示東山咖啡產業的發展過程及現賣咖啡。

● 南 175 縣道沿途有不少景觀咖啡與咖啡園，是東山的「咖啡大道」，也可先到街上的東山農會，參觀舊穀倉，喝喝東山咖啡

1		5	
2		6	8
3		7	9
4			

1.蓮花公園的蓮花　2.蓮花公園　3.白荷陶坊　4.白荷陶坊的蓮花　5.林初埤木棉道　6.土溝社區彩繪　7.土溝社區裝置藝術　8.含蓮子餡的筒仔米糕　9.東山農會咖啡驛站

自然生態小鎮

漫步台東池上，映照海岸山脈

漫步台南四草，體驗水上綠色隧道

漫步高雄茂林，置身紫蝶幽谷

漫步台東太麻里，賞黎祕境南迴四鄉

• 四草綠色隧道

自然生態
小鎮

漫步台東池上
映照海岸山脈

• • •

• 池上的良田與池上
米遠近馳名

>>見鎮歷史

　　池上鄉自有歷史以來便是個不斷移入新住
民的小鄉鎮，從原住民的入墾、魏家庄等客家聚
落的先民開墾荒地為良田、日治時代移民村的
設置，乃至戰後的大陸來台榮民與 87 水災後來
自西部的移民。這些在不同時期前來池上的移
民，都是為了生存而遷徙，從池上舊名「新開
園」可知先民覓得此豐饒沃土的興奮難抑。

　　19 世紀初，已有西拉雅平埔族人越過中央
山脈來到縱谷拓墾，最早在此建立聚落，由於墾
殖之初，本地盡是灌木林，故往昔有「樹林仔」

• 池上舊名新開園

• 新開園的街上

• 池上大坡池

之稱。有別於璞石閣（玉里）平埔八社，此地乃新開墾之地，故稱「新開園」，直到昭和 12 年才改名「池上」。

• 池上稻米

>>見鎮歷史

池上有機米

萬安社區推動有機米有成，成為國內知名連續三年獲得冠軍米的社區，也曾獲得全國十大經典好米。「池上米」一直是台灣好米的代名詞，但也因為價格好，池上米出現了許多仿冒品，導致即使池上米名聲響亮，但池上農民的收入卻沒有明顯提升。為了打擊仿冒品，2002 年池上建興米廠提出產地證明標章及生產履歷的概念，獲得大家一致認同與共識，成立池上米共同品牌協會，推出「多力米」品牌。

2004 年全國第一屆稻米品質競賽，邱垂昌耕種的池上米拔得頭籌，勇得總冠軍的殊榮，確立池上為全國第一好米的原鄉。他又栽種「青秧米」，其品質與冠軍米相近，取名源自唐朝布袋和尚的〈插秧詩〉：

手把青秧插滿田，低頭便見水中天；

心地清靜云為道，退步原來是向前。

對 99.9％ 的土地都種水稻的池上，米是唯一的經濟作物。池上每一塊稻田旁都立有「稻米達人」的木牌，上面寫著耕種者的名字，耕種面積，巡田時間，獲獎紀錄，栽培的心得，以及 ISO 國際認證的編號，述說著每塊土地獨一無二的故事，這是品牌的保證，也是池上優質稻米背後經營的堅持。（蔣勳，2016）

萬安有機米產銷班是採取古法耕種，嚴格遵行國際美育自然生態基金會（MOA）的自然農法執行基準栽培水稻，完全去除噴灑化肥及農藥的慣行農法，真正創造了有名有實的有機米。有機農法彷彿魔術般，讓萬安社區的農地起死回生，地力改善了，昔日蔬果的天然風味也回來了。

• 池上便當因池上種出的
好米而出名

• 油菜花

雖然有些蟲害仍無法避免，至少不必擔憂農藥殘留的問題。池上米的出名，萬安社區的貢獻很大，但是萬安更著名的是它的「有機米」，因而被稱為「有機米倉」。

池上便當

池上飯包，從 1939 年起，已有 70 多年的歷史。當年行駛的蒸汽火車，從花蓮到台東要 5～9 個小時，池上位處中點站，火車到了池上要加煤加水，為了照顧乘客的肚子，池上老店開始製作飯包販賣。起初用兩片竹葉包四個三角飯團，用油麻繩綁繫著，這就是最早的池上便當。1962 年，才改成以木片製成的便當盒，成為今日的樣貌。

中午 12 點 01 分，池上車站準時販賣便當，火車入站的鈴聲像與時間賽跑，緊張氣氛感染了遊客，車門前，台北到台東旅行的大學生們派出一位代表，拿著錢準備衝刺。大陸網路上還流傳著「2 分鐘生死極速攻略」，一旦停站 2 分鐘內沒買到，錯過就是遺憾。掀起便當盒蓋，香味撲鼻，鐵路便當就是要在火車裡吃，才對味！

池上飯包文化故事館

2002 年，集山實業股份有限公司和池上鄉公所合作，在悟饕池上飯包店二樓成立「池上飯包博物館」。館內展示分歷史文化、農田農具、稻米文化、池上飯包與古早飯包等區，以文字圖片介紹池上飯包 60 多年來的發展變遷，並完整保存早年的傳統爐灶等器物供民眾參觀，兼具在地文化保存與教育之多重功能。2009 年改成「池上飯包文化故事館」，打造屬於過往「火車與月台」的年代氛圍，館外陳列的二輛古董級火車，其實就是以前行駛花東線的 762mm 窄軌火車，供遊客緬懷。

稻米原鄉館

稻米原鄉館原是池上農會肥料倉庫，位在 197 縣道上，因不敷使用而閒置。2004 年，在文建會的「閒置空間再利用」的地方文化館政策下，設立稻米原鄉館，成為發展萬安社區稻米文化與接待外賓的社區客廳。又因萬安是米王的故鄉，館內二樓也提供全台灣品質最優的米食，一享與獻納日本天皇

• 稻米原鄉館

同等級的優質米飯；也可一邊享受頂級的有機米食，一邊眺望那一望無垠的穀浪稻田。或是仲夏的傍晚，可以看夕陽隱身中央山脈之後，或紅或紫的雲彩漂浮在南橫公路出口；回頭可見雲瀑從海岸山脈滑下。

天堂之路

無盡的田園之美，訴說著當地人不一樣的視野。為了保留美好的景觀，錦園村居民寧願忍受夜間巡田水時的伸手不見五指，以及耕作時必須自備電源的不便，也不願見到任何一根電線桿來加以破壞，因而有了日後的伯朗大道；一條放眼望去完全沒有現代化入侵的「翠綠天堂路」。而萬安村與錦園村的這一大片稻田，經由鄉長及村民的支持下，於 2014 年 4 月 30 日正式被登錄為「文化景觀」。這片美麗的稻田將受到法令的保障，不會有突兀的建築和開發。

池上火車站

1926（大正 15）年 3 月東線鐵道全線通車，設立池上驛，行旅進出日多，因而日用雜貨、運輸、旅館相繼設立，形成街肆，日漸繁榮。「車頭」逐漸取代新開園的地位，成為池上地區的政經中心。

• 池上火車站月台

舊站體是方正的水泥建築，在設計師的巧思與融合在地風情，變身為簡約的日式穀倉造型，打造出一棟原木構造建築。車站內部採用巨大木拱與輕鋼構建材組成桁架，展現開闊大氣格局。

大坡池

• 大坡池

「池上」之名，池上之米，都和這個著名的大坡息息相關。大坡池是台東縱谷上著名的天然內陸濕地，舊名「大陂」、「大坤」，日治時期改名為「大坡池」。它是池上斷層形成的斷層池，由地震震出來的大水池，主要水源來自新武呂溪沖積扇扇端湧泉（伏流），水勢豐沛，終年不涸。

伯朗大道

多年前，一個咖啡廣告看中池上的稻田，在這裡拍攝，讓許多人讚嘆的美麗稻海。這條在田間沒有任何人為電線桿和建物的道路，就被稱為「伯朗大道」。行走雨後的池上鄉間，清涼透骨。錦園村伯朗大道兩旁，織錦般的田疇無盡迤邐，各層次的綠浪搖曳擺盪。慵懶的白雲飄浮在山嶺上的湛藍天空，讓人不得不深深地吸上一口新鮮的氣息。

金城武樹

近日，金城武騎著單車馳騁天堂之路、坐在伯朗大道旁茄冬樹下喝茶的畫面，把池上一望無際的田園美景，魅力放送到大家眼前。可惜有許多遊客來到伯朗大道，為了爭睹「金城武樹」而破壞了即將收成的稻作，社會一片嘩然。更可惜的是，2014 年 7 月 23 日麥德姆颱風侵襲，金城武樹被連根拔起，應聲而倒。然而台灣護樹聯盟在臉書指出，2013 年 11 月就發現葉片捲縮吸水不良，樹根吸水透氣差，再加上汽車和遊客來回重壓，造成土壤夯實，讓這棵樹根本沒有良好的生長樹穴空間，所以真正的兇手是人類，麥德姆颱風只是壓垮金城武樹的最後一根稻草。

• 伯朗大道入口景觀　　• 伯朗大道

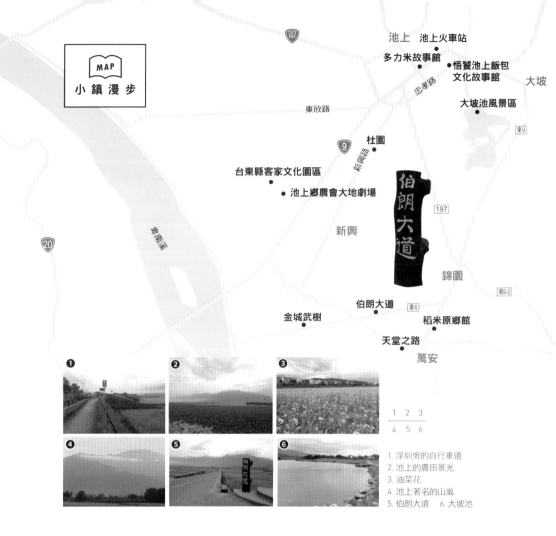

MAP

小鎮漫步

池上　池上火車站

多力米故事館

悟饕池上飯包
文化故事館

大坡

大坡池風景區

東9

杜園

台東縣客家文化園區

池上鄉農會大地劇場

伯朗大道

197

新興

錦園

東9-2

伯朗大道　東6

金城武樹

稻米原鄉館

天堂之路

萬安

1	2	3
4	5	6

1. 浮圳旁的自行車道
2. 池上的農田景光
3. 油菜花
4. 池上著名的山嵐
5. 伯朗大道　6. 大坡池

BONUS

━━━━━━━━━　延 伸 亮 點　━━━━━━━━━

總統米

　邱垂昌從小離鄉北上念書，畢業後自行創業，成立設計公司10餘年。1997年台灣經濟不景氣，於是回到家鄉池上務農。2004年，命運出現轉機，邱垂昌代表池上鄉參加第一屆全國稻米品質競賽，一鳴驚人、拔得頭籌，獲封「台灣米王」。一個青年返鄉務農轉職成功的案例，為台灣農業注入新血、帶來新的希望，也引起政府高層的注意，特別封稱為「米國總統」。

　邱垂昌十分重視品牌行銷，以親自栽種的冠軍米中請註冊商標，「總統米」就此誕生。2007年與頑石文創合作，推出限量玉璽造型的總統米，

● 池上的稻田景色

為台灣好米找出一條活路。2009年，以粽子造型的米包裝設計，榮獲台灣設計博覽會「包裝設計金點獎」，將自己的設計專長發揮在稻米包裝上，把台灣好米帶往創意行銷之路。

自然生態
小鎮

• 運河乘竹筏，體驗
  水上綠色隧道，左
  側的廟宇即大眾廟

漫步台南四草
體驗水上綠色隧道

• • •

≫見鎮歷史

　　素有府城後花園之稱的「台江國家公園」，從清朝末期，就因大量泥沙逐漸淤積，而形成現今國內沿海地區自然資源最豐富的濕地，為當今台灣四大濕地之一，也是全台七大績優的生態旅遊地點，孕育著稀有珍貴的紅樹林、候鳥和魚蝦等多樣性生物。紅樹林建構而成的綠色隧道，全台唯一僅有，2018 年被 KKday 評比為全台十大秘境之一。很難想像這裡曾是風雲聚會，鄭、荷軍隊奮戰的古戰場：台江內海。

　　四草的開發比安平還早，中國與日本的海

• 水上綠色隧道

• 荷蘭時期熱蘭遮城與倒風
  內海，如今內海淤積，成
  了處處魚塭與水道的地區

上商人早在北線尾島的南邊做生意；1624 年，荷蘭聯合東印度公司的人員船隻從澎湖遷移台灣時，就選定在北線尾島的東南角建館，以便和日本人及中國人進行交易。

當冬季東北季風吹起，漁夫、商人蜂擁而來，狹小的北線尾島人滿為患，使得荷蘭人不得不另謀發展，於是他們在台灣本島建「普羅民遮城」（赤崁樓），致使北線尾的商業活動日趨式微。

>>見鎮魅力

四草水上綠色隧道

在大眾廟旁，設有一竹筏港碼頭，以星期假日，供付費乘筏遊覽古運河，穿梭「四草紅樹林保護區」。航程起點在大眾廟後方的一條不起眼水道，名叫「竹筏港溪」，是當時連接國賽港、鹿耳門溪、四草湖之間的唯一「捷徑」，由於水道只能通行竹筏，故稱「竹筏港」。

水道兩岸生長著枝條交纏的紅樹林，有海茄冬、欖李、紅海欖以及少數的水筆仔，與陸地岸上植物交錯恣意生長，枝葉蔽天，編織成拱型

• 水上綠色隧道的入口

• 水上綠色隧道

網幕，把天空剪裁出許多美麗的圖案，亦形成令人驚艷的「水上綠色隧道」，從樹梢間灑下的天光，帶著淡綠色光芒，把渠水染成蔭綠萌黃，三面包圍而來的綠意，形成絕美且難得一見的生態景觀，彷彿引領乘客來到一處神祕的國度。

四草紅樹林內的濕地含有極豐富的有機物質，供養了各種魚、蝦、蟹、貝等生物，而這些小生物是鳥類最佳的食物來源，吸收眾多的留鳥和候鳥，如翠鳥、秧雞、喜鵲、珠頸鳩等。

在 地 體 驗 的 故 事

乘竹筏遊隧道

乘竹筏遊水上綠色隧道是一個在台灣獨一無二的經驗，在大眾廟旁的候船室，穿上簡單的救生衣，踏上載浮載沉的竹筏，大家排排坐。由於筏來筏往，驚動了棲息的生物，招潮蟹、彈塗魚所見不多。竹筏沿著古運河道划行，不久來到掛著「迷你版的台灣亞瑪遜河」的木牌，再也不見藍天白雲，只有太陽光從林葉間隙穿透，映照著竹筏划過的漣漪。枝幹交纏，秘境中的秘境，在河道中小心翼翼地划行，越走越深，到了河道盡頭，豁然開朗，正是釐金局遺址的所在，昔日古運河稅關的所在。全程雖僅 30 分鐘，卻是一生難得的體驗，難怪被選為絕佳秘境之一。

•遊覽水上綠色隧道

•乘竹筏遊覽水上綠色隧道

四草砲台

位於四草大眾廟前方不遠處，現為鎮海國小操場圍牆一部份的四草砲台，又稱「鎮海城」，是道光年間，清朝台灣兵備道姚瑩所議設的海防重鎮之一。1840（清道光20）年，中英鴉片戰爭爆發，姚瑩奏議在台灣17口設防，以防英軍近逼台灣，而「四草砲台」及「安平小砲台」，即為現存的其中兩座。四草砲台與億載金城、安平古堡連成一道防線，以屏障台南府城與安平港。

目前，被列為國定古蹟的四草砲台，砲墩與古砲已杳無蹤影，只遺留一段長長的城垣，成為學校圍牆的一部分。城垣上老榕盤根枝錯，迎著遠處吹來的海風，學童們還是在操場嬉遊奔跑著，變為學童嬉戲玩耍之所。

安順鹽田

1919（日大正8）年，北汕尾附近開闢為鹽田，因曬鹽而有「鹽田仔」之名，取名為「安順鹽場」，它是日治時期最後開闢的瓦盤鹽田，也是當時最先進的瓦盤鹽田。舊鹽場內有安順場務所、鹽場醫務所、鹽工福利中心、鹽務警察局及鹽民宿舍等，甚至有運鹽運河，以小船接駁到安平港，運鹽碼頭於2002年被台南市政府列為市定古蹟。

```
  1
─────
 2   3
```

1. 日治時期鹽田作業情形
2. 四草砲台城垣
3. 四草砲台

台江國家公園

2009 年 10 月 15 日，正式成立的台灣第八座國家公園「台江國家公園」，將這些保護區整合，並一口氣也將七股的「黑面琵鷺保護區」一併納入，這是第一座由地方催生的國家公園。公園北起青山漁港南堤，南以鹽水溪南岸為界，以鹽海公有土地為主，國土極西點的國聖燈塔也包含在台江公園內東至七股大排為界。總面積達 39310 公頃，陸域面積約為 4905 公頃，海域面積約 34405 公頃，涵蓋自古稱為「台江」的區域及先民渡海來台的主要航道「黑水溝海域」。

四草大橋

四草大橋位於鹽水溪與嘉南大圳匯流入海口，連接台南市的安平區與安南區。17 世紀以前，此處位於大員島與北汕尾間，是進入台江內海與安平港的重要孔道。橋南方的一鯤鯓島的安平，就是荷蘭熱蘭遮城所在。18～19 世紀，安平港一直是台灣最大、最重要的

商港，來自世界各地的商船絡繹不絕。

如今的四草大橋，視野遼闊，是假日賞景海釣的熱門去處。晨曦時分，站在四草跨海大橋上，海峽洶湧的潮水不斷湧入遼闊的鹽水溪口，汪洋一片。四草大橋最美的景色，大概是夕陽餘暉了，而在四草大橋上，因為人站在橋邊，底下就是海了，風吹起海面的褶皺，看起來更加生動。

大眾廟

位在安南區顯草街的四草大眾廟又稱「鎮海廟」，位在昔日的北汕尾，奉祀的是鄭荷戰爭期間戰死的無主英魂，

• 大眾廟正殿

其後以陳酉功高，改以陳酉為主神，即鎮海大元帥，俗稱「大眾爺」;不過也有人說，大眾爺是大戰荷軍，居功厥偉的宣毅前鎮陳澤將軍。

當地居民原稱這間小廟為「大將廟」，幾經翻修，廟愈蓋愈大，越來越

金碧輝煌。雖然供奉的主神仍然是鎮海大元帥陳酉，然而「大將」與「大眾」的閩南語發音完全一樣；奇怪的是，在清廷官方文書上完全無陳酉其人，而「陳酉」和「陳澤」又同音。

荷蘭人骨骸塚

• 荷蘭人骨骸塚

1971 年，大眾廟要祈安建醮，於是各角頭信徒代表齊聚廟中，靜候鎮海大元帥指示相關事宜，大元帥扶乩臨壇，指出廟旁有眾客叢葬之墳，並且以劍剁地為記，明確指出位置，要求信徒將墳中遺骨重新納甕、培墩為安。

所有信徒代表將信將疑，因為鎮海大元帥所指出之地長滿欖李和海茄冬，何來叢塚。不過，大家仍在指定之日砍除樹木，挖地不及數尺，果然見到一堆又一堆白骨，為數之多，令人咋舌，同時還挖出嘉慶年間重修古墓碑記。

台南市文獻委員會委員黃典權教授考證，認為應與鄭荷戰爭期間在此發生的幾次戰役有關，而命名為「海靈佳城」。消息傳到荷蘭，也吸引荷蘭歷史學者前來，他們在骨頭堆裡看了又看，頻頻點頭，好奇民眾問老外如何分辨，他們的回答很簡單，即骨頭上有刀痕的就是荷蘭人，骨頭被子彈打穿的就是中國人。這些在叢塚挖出的先人遺骨，不論是華人、荷人，都被重新整理，安放在大眾廟後的圓形塚，享受世代香火。

荷蘭駐台辦事處前代表胡浩德先生（Mr.Menno Goedhart）曾數度造訪並祭拜他的祖先，他在接受媒體訪問時提到：「對戰爭陣亡的異國士兵，在台南海邊的小漁村，英靈被尊崇著、骨骸被照顧著，此景此情，讓他由衷的感謝當地的百姓，感謝廟方。」他又說：「走遍世界各地，只有在台灣看到不分國籍善待陣亡士兵的遺骸。每一次的探訪，都讓他充滿感動與感謝，所以退休後，他選擇留在台南定居，成為台南市的榮譽市民，延續他的先祖與這塊土地的緣分。」

• （左）荷蘭人最初登陸澎湖的戰役
• （右）荷蘭人與鄭成功議和，退出台灣

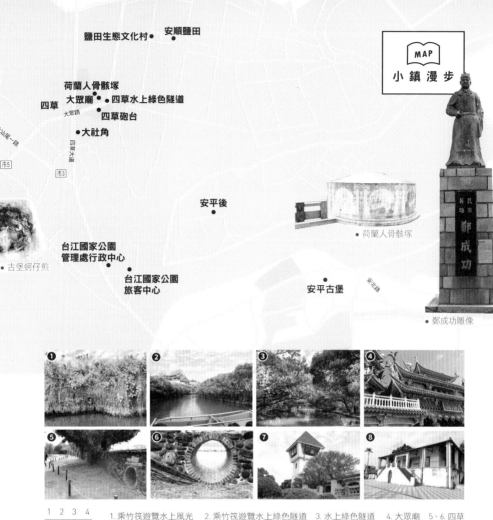

鹽田生態文化村● ●安順鹽田

荷蘭人骨骸塚
大眾廟● ●四草水上綠色隧道
四草 大眾路 ●四草砲台
●大社角

北汕尾一路

市5

市3

安平後
●

台江國家公園
管理處行政中心
●
台江國家公園
旅客中心

●古堡蚵仔煎

安平古堡
●

●荷蘭人骨骸塚

MAP

小鎮漫步

英 民
雄 族
鄭
成
功

●鄭成功雕像

1	2	3	4	1.乘竹筏遊覽水上風光 2.乘竹筏遊覽水上綠色隧道 3.水上綠色隧道 4.大眾廟 5、6.四草
5	6	7	8	砲台 7.安平古堡瞭望台 8.熱蘭遮城博物館

BONUS

延 伸 亮 點

安平古堡

　　1624 年荷蘭人占領今日安平，並建熱蘭遮城為其防禦要塞。1662（明永曆 16）年鄭成功攻取荷蘭城，改稱安平鎮。清領時期，因台江浮覆，失卻其重要性，加上清兵破壞熱蘭遮城，取其磚塊建億載金城，故日漸荒廢。日治後重建，戰後乃稱「安平古堡」。目前僅存外城南城垣的磚牆乃真正荷蘭時期遺跡，稱為「台灣城殘蹟」，老榕盤根，無限滄桑，被列為國定古蹟，見證著 300 多年的台江風雲。

●現今的安平古堡　　●日治時期安平古堡

自然生態
小鎮

• 被暱稱「蝴蝶橋」的新威景觀大橋

漫步高雄茂林
置身紫蝶幽谷

• • •

≫見鎮歷史

　　茂林潛身於群山萬巒之中的魯凱原鄉，群峰拱翠，大部分為未開發的原始林區。發源於中央山脈卑南主山、麻里山的「濁口溪」，自東向西潺潺不息，貫穿整個茂林區，而在大津與荖濃溪匯流形成高屏溪入海。濁口溪孕育了魯凱族綿延不絕的生命起源。濁口溪的三個魯凱部落：茂林、多納及萬山的「下三社群」，千年來，仍離不開在濁口溪兩岸旁生存。

• 崖壁上的原住民浮雕

茂林國家風景區

　　1992 年茂林風景區成立，2002 年升格為

• 日治時期荖濃溪的源頭玉山主峰影像

● 茂林國家風景區
　入口

● 紫蝶幽谷

● 紫蝶出沒請慢行

國家風景區，範圍涵蓋高雄市茂林區、桃源區、六龜區及屏東縣三地門鄉、瑪家鄉及霧台鄉等六個鄉鎮，面積約為 59800 公頃。全區有荖濃溪、濁口溪、隘寮溪等三大溪流貫穿其中。風景區內獨特的曲流環流地形地質群、壯闊的飛瀑群、野溪溫泉，以及崇山峻嶺，呈現著盎然生機與蓬勃朝氣，獨具一格的生態公園更是賞蝶的最佳去處。

>>見鎮魅力

紫蝶幽谷

　　台灣享有「蝴蝶王國」美譽，而高雄市正是重要的景點，除美濃的黃蝶翠谷、六龜的彩蝶谷外，而這幾年倍受重視的茂林「紫蝶幽谷」更與墨西哥的「帝王蝶谷」並列為世界二大規模的越冬型蝴蝶谷。

　　「紫蝶幽谷」這個詩情畫意的名稱，其實並非指單一地名，而是 1971 年蝴蝶專家陳維壽老師基於分佈在南台灣地區，這種越冬型蝴蝶谷中，以紫斑蝶數量最多，而命名「紫蝶幽谷」。茂林區的紫蝶幽谷也非指單一特定的山谷，紫斑蝶選擇集體越冬的溪谷之共同特色，一定都位於氣溫較不寒冷的低海拔山區，多半是南向的小型溪谷地，且林木茂密、人跡罕至，較少干擾之處。

　　本區的蝴蝶種類繁多，每年從 11 月至翌年 3 月都是賞紫斑蝶的最佳時機，而且不是單一種紫斑蝶，包括圓翅紫斑蝶、小紫斑蝶以及斯氏紫斑蝶等。台灣的第一隻紫斑蝶是時任英國外交官駐台領事的博物學家史溫侯

（郇和，Robert Swinhoe）所採獲，並由生物學家華萊士和摩爾一起在 1866 年發表名為「斯氏紫斑蝶」。這同時也是一篇有關台灣蝴蝶的第一份研究報告，而這隻蝴蝶標本，現還珍藏在倫敦的大英博物館內。

在 地 創 生 的 故 事

芭特芙萊餐廳

位於紫蝶生態公園內、姿沙里沙里步道登山口前的芭特芙萊（Butterfly）原民餐廳，典型的魯凱族陶甕、百步蛇的圖案裝飾，原味十足。提供原住民食物套餐，搭配紅藜茶飲，在此可享受有別於一般旅遊的合菜飲食，新奇有味。

歷經 88 風災，茂林觀光一落千丈，芭特芙萊餐廳主人是魯凱族青年「大頭」，在高雄讀書畢業後，決定返鄉開設麵包店，學作麵包期間吃盡苦頭，部落裡的人沒人看好。經過多年的努力艱辛耕耘，終烘焙出人人誇口好吃的手作麵包，並開設以原住民料理為主的芭特芙萊餐廳。餐廳也提供多種紅藜麵包出售，口感嚼勁比坊間麵包店更勝一籌。

• 以蝴蝶為 LOGO 的芭特芙萊餐廳

萬山岩雕

位在多納村東北方,標高 1475 公尺的萬頭蘭(萬斗籠)山北麓的原始林內,渺無人跡,是魯凱族萬斗籠社的狩獵場,昔日稱為內本鹿(Oponoho)地區。一再發現許多岩雕,稱為「萬山岩雕」。1978 年,發現第一座、第二座岩雕遺跡,屏東師院教授高業榮按照當地原住民賦予的地名,取名為「孤巴察峨」(多人頭紋、重圓紋)、「祖布里里」(腳印紋),1984 年又發現第三處,命名為「莎娜奇勒峨」(凹點紋)。萬山岩雕成為原住民部落蘊含的文化標誌,台灣唯一史前的磨崖藝術品,直到 1989 年,這三處岩雕被指定為古蹟。

石板屋遺址

舊茂林,得樂得卡(Teldreka)的遺址位於濁口溪上游美雅溪河谷,這是得樂得卡族群群居的村落,於清代時被稱為「芒仔社」,日治時期稱為「瑪雅社」。遺址佔地約 5 公頃,有著一棟棟僅剩部分牆體、沒有屋頂的獨棟或連棟房舍,共有 82 戶,因為歷經一次大規模遷村後又返回重建,牆垣較明顯的僅約 60 戶。

2003 年初,因地方文史工作者的努力奔走,縣府才將石板屋遺址登錄為高雄縣第一號歷史建築,決定以族人慣稱的「得樂得卡」,加上日人慣稱的名字「瑪雅」作為登錄名稱。

• 公路崖壁上的現代原住民浮雕

觀光 DNA

新威森林公園

位於荖濃溪西側台地上，本是舊河床的一部分，後來因土質肥沃而建為「新威苗圃」，園內於 1960 年由楠濃林區管理處豎立一座「新苗競秀」紀念碑。園區內樹林成蔭，有超過 200 種植物種類，其中尤以數條桃花心木長短不一的步道最為吸睛，兩排又高又直又粗壯的桃花心木，如同衛兵般雄赳赳地站在道路兩旁，向遠方延伸而去。因 88 風災而被大水沖毀的茂林國家風景區管理處也遷建於此。

• 新威森林公園的　• 新威森林公園
　桃花心木步道　　　的桃花心木

蝴蝶橋

正式名稱是「新威景觀大橋」，橋體總長 1735 公尺，橫跨荖濃溪。橋樑採外傾 15 度的鋼拱設計結構，形如紫斑蝶，猶同一隻紫斑蝶停駐在荖濃溪吸水。並置有 LED 燈照明設計，晚上藍色燈光閃耀時，遠遠望去，猶如蝴蝶翅膀一開一合，極具美感。根據自由時報報導，蝴蝶橋自 2019 年 2 月 1 日起每天晚上 6～10 時，透過 17 種燈火特效點亮璀璨綺麗的夜景，讓每一位遊客留下美好的回憶。

• 遠眺蝴蝶橋

姿沙里沙里步道

「姿沙里沙里」是魯凱語「月桃很多的地方」，步道全長 3.7 公里，目前僅開放生態公園段，約 2 公里供遊客賞蝶健行，除了前往瑪雅亭這段陡升階梯外，其餘皆緩坡好走。在適宜的暖冬無風、陽光普照的日子，成群紫蝶飛舞林間樹梢，數量之多，令人嘆為觀止。

多納村

多納村是高 132 縣道的終點，茂林國家風景區內最具魯凱族人文特色的部落。多納村雖然偏遠，魯凱族最古老具傳統藝

•（上）姿沙里沙里步道景觀
•（下）步道最高點：瑪雅亭

術建築的石板屋保留最多、最完整的地方。用來建築石板屋的石材，係由溫泉溪採集而來的黑灰岩和頁岩，依照所需的大小尺寸，一片片地切割成四方形，然後一層層堆砌排列而成。不用鋼條支撐，也不用任何黏土或水泥來固定，全憑魯凱人的經驗與智慧建造。

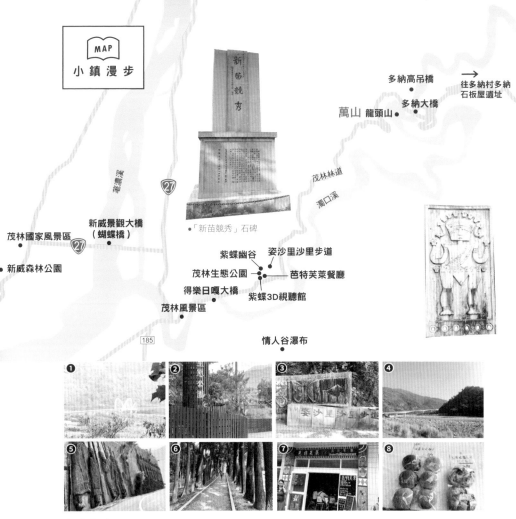

多納高吊橋

往多納村多納
石板屋遺址

多納大橋

萬山 龍頭山

新苗競秀

茂林林道

幸福溪

27

濁口溪

新威景觀大橋
（蝴蝶橋）

「新苗競秀」石碑

茂林國家風景區

27

紫蝶幽谷　姿沙里沙里步道

茂林生態公園　　芭特芙萊餐廳

新威森林公園

得樂日嘎大橋　紫蝶3D視聽館

茂林風景區

185

情人谷瀑布

| 1 | 2 | 3 | 4 |
| 5 | 6 | 7 | 8 |

1. 遠眺蝴蝶橋　2. 生態公園　3. 姿沙里沙里步道　4. 在觸口溪畔遠眺山景　5. 公路崖壁上的原住
民浮雕　6. 新威森林公園的桃花心木步道　7. 芭特芙萊餐廳　8. 手工紅藜麵包

延伸亮點

BONUS

蝶道

蝶道在生物學上，指的是蝴蝶循著氣味或
氣流飛行經過的路徑。蝴蝶會釋放費洛蒙，
形構一條氣味之路。蝶在這條空中之路覓食、
求偶、煽動氣流；這是一條感官之路、生死
之路，避敵與交歡之路。

每年春天（三月中、下旬），紫斑蝶會依
循固定路線離開越冬棲息地，形成「蝶道」。
走訪雲林縣林內當地居住 40 年以上的長者表

示，從小就看過這種「黑蝴蝶」會大量通過
這裡，而且最大量時間都是在 4 月 5 日清明
節前後，所以稱之「清明蝶」。紫斑蝶定向
飛行主要出現在上午時段，有時會延續到下
午。以林內 2006 ～ 2007 年的調查結果得知，
最早在上午七點之後即開始出現定向飛行，
而後數量逐漸增加，並在 11 點左右達到飛行
高峰。

新威森林公園桃花心木步道

自然生態
小鎮

• 由南迴鐵路俯瞰
太平洋海岸美景

漫步台東太麻里
賞藜祕境南迴四鄉

• • •

≫見鎮歷史

　　台東縣太麻里、金峰、大武與達仁鄉合稱「南迴四鄉」，人口以排灣族為大宗，居住及生活範圍多以傳統部落為主，長年因交通不便加上沒有特色產業而使發展受阻，青年人力外流嚴重，在地人口老化。目前南迴四鄉人口總數僅2.4萬人，平均每村人口不到一千人。

　　「南迴」之所以稱南迴地區，是因為有南迴鐵路與南迴公路通過的關係，而當年興建鐵路與公路的初衷，最主要的目的不外乎就是希望能解決東西部往來交通的問題。然而，這個原先立意讓台東最南端偏遠地區的農村部落，在就醫、就

• 由南迴鐵路俯瞰太平洋海岸

• 紅藜是近年東部培植的特色物產之一

• 太麻里咖啡生豆

• 紅藜田

• 由華源山上的咖啡屋看海，一邊品嚐太麻里咖啡

學與運輸方面都能較為方便。但在農村部落傳統產業逐漸式微的情況下，反而帶走部落最主要青壯年勞動人口，「南迴」也就被戲稱為「難回」。

　　台東縣三大區域包含花東縱谷、東海岸、南迴。花東縱谷有稻米、熱氣球；東海岸有衝浪、觀光，唯獨貧瘠的南迴沿線沒有特色產業。沒有產業發展也就沒就業機會，年輕人只能到外地求生，而遺留在部落的老人和孩子，大多無所事事，虛度光陰。直到這幾年紅藜產業興起，才讓老人家丟掉酒瓶，重新下田工作；孩子們也捨棄玩樂，幫忙採收。慢慢地，越來越多年輕人返鄉，回到自己的部落土地上貢獻所長。

>> 見鎮魅力

紅藜

　　紅藜於 2008 年才被學術單位正式命名為「台灣藜」（學名：Chenopodium formosanum），為莧科藜亞科藜屬的台灣原生種植物。一年生草本，植株強健，耐旱性極佳。台灣藜的花穗有如彩虹，呈現多種顏色，脫殼後的穀粒為淺褐色。

　　根據台東農改場研究發現，台灣藜和國外藜麥，兩者的 DNA 序列完全不同，是兩種不同的作物，早在 1922 年日本森林學家山田金治已對紅藜在排灣族釀酒植物中著手調查。台灣藜的營養成份遠勝於其他常見的雜糧作物。

太麻里咖啡

華源山一帶，海拔 400 ～ 500 公尺，氣候宜人，非常適合栽種咖啡樹，加上帶有鹽分海風的吹拂，讓太麻里咖啡別樹一幟。由於少作宣傳，知曉者不多，坐在華源山的小屋，喝著太麻里咖啡，俯瞰無敵海景，夫復何求？

在地創生的故事

2014 年日本首相安倍晉三針對振興地方經濟所提出的重大政策，首先提出「地方創生」概念的國家，其目的就是「激勵地方小經濟圈再生」，由政府帶頭投入資源激化鄉鎮產業，活絡地方經濟，以解決人口流失所造成的鄉鎮高齡化與少子化衝擊的問題。

同樣面臨高齡化與少子化的台灣，我國也於 2016 年提出「設計翻轉、地方創生」計畫，協助地方政府挖掘在地文化底蘊，藉由盤點各地「地、產、人」的特色資源，以「創意、創新、創業、創生」的策略規劃，引導優質人才以專業服務回饋故鄉，讓人口回流，再創生機。（賴韋廷、黃宥蓁，2018）

號稱「紅藜先生」的吳正忠，在部落大家都叫他魯瓦（Ljuwa），他是個台東的紅藜「大農」，在他的故鄉土坂擁有 5 公頃的紅藜田，每年約可生產 6 公噸的帶殼紅藜，他自己成立「都藜氏有限公司」，發展個人品牌「紅藜先生」，自產自銷，還與代工廠、生技單位合作，開發紅藜相關產品，如面膜、酵素等。

• 以紅藜釀造的小米酒

年少時，魯瓦在部落裡並不是典型的上進青年。後來到高雄市就讀汽車修理科，一心想學成賺錢養活自己，歷經經營民宿、回到故鄉種山蘇、餐廳打工，後來為了籌措部落的交通車經費，走了 123 天的環島行，吸引了許多媒體報導，讓他既為部落解決困難，也讓他在網路上打開知名度，更開始他種植紅藜的契機。

• 紅藜穀物棒

五年祭「Maljveq」

　　土坂部落是一個至今尚能保存排灣族「五年祭」傳統的知名部落。五年祭為排灣族人迎接歷代祖靈，每5年一次自北大武山起，由北而南，再越過中央山脈，沿大竹溪流域上游至下游諸部落，依序巡視，同時是向祖靈祈福、保佑之祭典。

　　五年祭的祭儀相當繁複，分為前祭、主祭、後祭三階段，前後共達12天。主祭是整個五年祭的最高潮，包含召喚、向神靈和祖靈借行使儀式的權力、聚集已來到人間的神靈和祖靈、增強力量、刺球、收小米粽等儀式。自1913（日大正2）年起，土坂包家的五年祭從不間斷，至今己舉辦20多次，即使在太平洋戰爭期間也未中斷。目前，頭目為包秀美、首席女巫朱連金，都是主持五年祭的靈魂人物。2007年，台東縣政府將「排灣族祖靈信仰」登錄為文化資產「傳統藝術民俗及有關文物」類別。

• 土坂五年祭雕像群

多良火車站

被鐵道迷譽為台灣最美麗的火車站的多良車站，站址位於太麻里鄉的山坡地。站體高架設計，一樓為候車室及售票處，二樓就是月台了。站在月台上一望無際，可鳥瞰太平洋，各層次的藍色海洋，「太平洋的風」徐徐吹來，耳邊傳來浪潮的韻律，偶而一列火車緩緩駛過，像極了宮崎駿電影中的場景，而被日本遊客發現，畫成插圖而打開知名度，吸引許多遊客朝聖，成為台東火紅的觀光景點。

多良車站原為南迴鐵路招呼站，並提供南迴單線列車交會的車站。但因業務清淡而自 2006 年 7 月 1 日起結束營業，同年 10 月 1 日正式裁撤。裁撤了車站郤裁撤不掉它的美麗。

向陽薪傳（查拉密）木工坊

88 風災後，林務局委託清華網路文教基金會辦理，選擇了當時已閒置多年的多良國小為基地，於 2010 年 8 月 8 日成立查拉密木工坊，2011 年由台東縣原愛工坊協會接續執行，打造木工藝產業，促使部落的年輕族人得以留在家鄉工作。

金崙溫泉

位於太麻里鄉的金崙溪畔，大紅圓弧的鋼骨結構景觀吊橋為地標，在青山綠水的襯托下格外醒目。金崙的溫泉量相當豐沛，為弱鹼性碳酸泉，略有硫磺味，可浴可飲。除了泡湯外，金崙溪也是個垂釣、戲水的好地方。

華源灣

行駛南迴公路，奔馳於截彎的高架道路上，常會驚嘆浩瀚的太平洋壯觀美麗，尤其來到太麻里的華源灣一帶，更是多重蔚藍色彩佈陳，令人讚嘆造物之美，若是爬上華源山上鳥瞰海灣，S 型的折彎更是無敵海景。

太麻里的第一道曙光

2000 年，英國廣播公司（BBC）與美國波士頓公共電視聯手策劃全球連線世紀跨年節目「2000 Today」，與世界 57 家廣播公司合作，製作一場跨越 24 個時區，歷時 25 小時 28 分的千禧盛事，並透過衛星全球傳播。太麻里雀屏中選，2000 年 1 月 1 日，在太麻里海灘，迎接 21 世紀第一道曙光。目前，在太麻里的曙光大飯店 8 F 頂樓設有觀日平台，迎接每一日的第一道曙光。

1.多良車站的海景　2.由多良車站看海景　3.向陽薪傳（查拉密）木工坊　4.向陽薪傳（查拉密）木工坊展示的作品　5.金崙溫泉　6.一覽無疑的華源灣，只有驚嘆可以形容　7.泡溫泉賞風景，人生一大享受　8.太麻里的第一道曙光，每年有許多人企盼到來　9.從太麻里曙光大飯店迎接東部第一道曙光

1	5	6
2		
3	7	8
4	9	

往華源山、華源海灣 ↑

太麻里站

千禧曙光
紀念園區

太麻里海岸

太麻里

太麻里溪

新香蘭

第一道曙光

❾

● 多良車站

金崙
溫泉區

金崙站

金崙海灘

金崙溪

● 多良車站眺望太平洋海景

多良國小

向陽薪傳
(查拉密)
木工坊

多良站
裝置藝術

土坂產業道路

土坂部落 ●

土坂實驗小學

祭場

大竹溪

1.俯瞰太麻里小鎮 2.大竹溪河床 3.土坂五年祭雕像群 4.土坂百步蛇吊橋彩繪淒美的愛情故事 5.由吊橋上眺望遠方的紅藜田 6.土坂國小校舍之建築

土坂吊橋

大竹溪

大竹溪 ● 土坂國小

● 瀧溪站

土坂部落

土坂位居達仁鄉北段,是全鄉人口最多的村落,1946 年達仁鄉成立時,鄉治即設在土坂,1958 年又遷到安朔。土坂部落是國內極少數保存家臣制度的部落,依照傳統,聯合頭目在登基後成為族內最有權威的決策者,權力極大,若未經其同意,甚至政府的施政在當地都會受到阻擾。如 1953 年古樓舊社的東高社(屏東來義)遷入土坂,就得經當地的包頭目同意才行。

土坂村向來以大竹溪所產的台灣毛蟹聞名,但經由莫拉克、伯尼特兩次風災的施虐,整個毛蟹棲地受到水災帶來大量泥沙掩埋,如今,再也找不到當年肥滋滋、膏黃可口的毛蟹了,空留紀念柱以資緬懷。

● 土坂百步蛇吊橋　　● 遠眺百步蛇吊橋英姿

● 土坂毛蟹之鄉　　● 土坂國小校舍之建築
　紀念柱

土坂百步蛇吊橋

土坂百步蛇吊橋建於日治時期,是土坂部落通往新興社區的步道吊橋。小米豐收時,族人會在橋的兩端吟唱歌曲,並有人在橋上訂下終身,曾是部落青年談戀愛的名勝地點,故有「情人橋」之稱。

其實,它有一個可歌可泣的愛情故事。排灣族素有階級之分,不同階級不可通婚。部落裡一位年輕的貴族卻愛上貌美的平民女孩,得不到族人的祝福,家人更是極力反對。愛得火熱的情侶只得私訂終身,決定遠走他鄉。

百步蛇吊橋是離開土坂的唯一途徑,兩人相約在月黑風高的晚上在吊橋的彼端碰面。女孩先到了,為了安全起見,過了吊橋在彼岸等待。男孩也趕來了,由於不受到祖靈的祝福,祂刮起大風把橋吹斷了。女孩這時聽到母親的聲聲叫喚,猛一回頭,失足掉入河谷裡,男孩急忙用吊橋被吹斷的繩索進行援救,守護神百步蛇也趕來幫忙,但是慢了一步,女孩很快就被洶湧河水衝走,這時男孩見景情傷,旋即跳河殉情。今天,吊橋橋墩正刻畫著這段淒美的羅曼史。

土坂實驗小學

● 土坂實驗小學大門口

● 土坂實驗小學的建築之一

土坂國小的前身是噶瑪教育所,創立於 1910(日明治 43)年,是台東廳最早設立的山地原住民學校之一,位於大竹溪上游深山中。1946 年達仁設鄉,學校改名為「達仁鄉中心國民學校」,隔年再改名為「土坂國民學校」。土坂國小校舍採精緻化藝術造型,古典式的正門,雄偉的石柱,族人最尊敬的百步蛇及代表傳統文化的陶甕皆融入其中。

台灣好基金會執行長徐璐小姐,年輕時曾到土坂部落「山地服務」,35 年後,她說:「我回到台東的土坂部落,一眼就認出當年我們花了最多時間和小朋友們相處的學校操場,這是土坂部落少數沒變的景物」。

國家圖書館出版品預行編目資料

觀光小鎮漫遊趣：30個台灣幸福小鎮的創生與體
驗旅遊 / 蘇明如著；蘇瑞勇攝影. -- 初版. -- 臺中市
：晨星, 2019.12
　　面；　公分. -- (臺灣地圖；47)

ISBN 978-986-443-946-1(平裝)

1.臺灣遊記

733.6　　　　　　　　　　　　　　　108018941

線上讀者回函，
加入馬上有好康。

台灣地圖047
觀光小鎮漫遊趣——30個台灣幸福小鎮的創生與體驗旅遊

作者	蘇明如
攝影	蘇瑞勇
主編	徐惠雅
執行主編	胡文青
校對	蘇明如、蘇瑞勇、胡文青、陳智杰、王詠萱
美術編輯	李岱玲
封面設計	柳佳璋

創辦人　陳銘民
發行所　晨星出版有限公司
　　　　台中市407工業區30路1號
　　　　TEL：04-23595820　FAX：23550581
　　　　E-mail：service@morningstar.com.tw
　　　　http：//www.morningstar.com.tw
　　　　行政院新聞局局版台業字第2500號

法律顧問　陳思成律師
初版　西元2019年12月10日
二刷　西元2021年 2月10日
總經銷　知己圖書股份有限公司
　　　　台北 台北市106辛亥路一段30號9樓
　　　　TEL：（02）23672044／23672047　FAX：（02）23635741
　　　　台中 台中市407工業30路1號
　　　　TEL：（04）23595819 FAX：（04）23595493
　　　　E-mail：service@morningstar.com.tw
　　　　網路書店 http://www.morningstar.com.tw

讀者服務專線　02-23672044
郵政劃撥　15060393
戶　名　知己圖書股份有限公司

印刷　上好印刷股份有限公司
　　　定價 490 元
　　　ISBN 978-986-443-946-1
　　　Published by Morning Star Publishing Inc.
　　　Printed in Taiwan